CODE

COMPOSÉ :

1° CONTRIBUTIONS DIRECTES SUR LES PATENTES (nouvelle loi), avec la nomenclature par ordre alphabéthique de toutes les professions sujettes au droit de patente, et le tarif par classe d'après la population;

2° DIMENSION ET PRIX DU PAPIER TIMBRÉ soit commercial, privé, ou pour les officiers ministériels, avec la nomenclature de tous les actes des administrations publiques qui sont soumis au timbre et ceux qui en sont exempts; le tarif des titres de noblesse, armoiries des villes, brevets d'invention, dispense d'âge ou de parenté pour mariages et lettre de grande naturalisation;

3° CONCORDANCE DES CALENDRIERS RÉPUBLICAIN ET GRÉGORIEN, sur les lois et arrêts rendus sous la république, le consulat et l'empire;

4° BARÊME OU COMPTES FAITS en matière de contributions directes pour paiement par 12me, suivi de la jurisprudence de la Cour de Cassation et du Conseil d'État sur ces diverses matières.

Par M. AMBAUD (de la Gironde),
Ancien Capitaine dans la Garde et Receveur des Contributions directes.

PARIS
LIBRAIRIE DE VIDECOQ,
Place du Panthéon, 4 et 6;
Bordeaux,
Chez CHAUMAS-GAYET, libraire, fossés du Chapeau-Rouge.

1845.

CODE

COMPOSÉ :

1° **Contributions directes sur les patentes** (nouvelle loi), avec la nomenclature par ordre alphabéthique de toutes les professions sujettes au droit de patente, et le tarif par classe d'après la population;

2° **Dimension et prix du papier timbré** soit commercial, privé, ou pour les officiers ministériels, avec la nomenclature de tous les actes des administrations publiques qui sont soumises au timbre et ceux qui en sont exempts; le tarif des titres de noblesse, armoiries des villes, brevets d'invention, dispense d'âge ou de parenté pour mariages et lettre de grande naturalisation;

3° **Concordance des calendriers républicain et grégorien**, sur les lois et arrêts rendus sous la république, le consulat et l'empire;

4° **Barême ou comptes faits** en matière de contributions directes pour paiement par 12me, suivi de la jurisprudence de la Cour de Cassation et du Conseil d'État sur ces diverses matières.

PAR M. AMBAUD (De la Gironde),

Ancien Capitaine dans la Garde et Receveur des Contributions directes.

PARIS

LIBRAIRIE DE VIDECOQ,

Place du Panthéon, 4 et 6;

Bordeaux,

Chez CHAUMAS-GAYET, libraire, fossés du Chapeau-Rouge.

1845.

Je regarderai comme contrefait tout exemplaire qui ne sera pas revêtu de ma signature, et je poursuivrai devant les tribunaux les contrefacteurs. — Le nombre d'exemplaires prescrit par la loi ont été déposés.

ordeaux.— Imp. de Prosper FAYE, fossés de l'Intendance, 15.

AVANT-PROPOS.

Tous les citoyens sont présumés connaître les lois de leur pays du moment où la promulgation en est faite. Cette présomption crée pour eux de sérieux devoirs, car l'ignorance de la loi et de la législation compromet chaque jour les plus grands intérêts. Chaque citoyen, en remplissant ses devoirs, soit envers l'État, soit envers la grande famille dont il est membre, doit également désirer connaître et jouir de ses droits ; nous avons pensé être utile à nos concitoyens en leur soumettant ce mode où sont réunies diverses matières dont la connaissance, en les consultant, ne peut qu'être utile : tout y est officiel et chaque article est appuyé, soit sur l'article de la loi, soit sur des arrêts de la Cour de Cassation et du Conseil d'Etat.

Tout y est classé à la portée de toutes les intelligences ; heureux si ce travail, très-long à faire par les recherches des divers documens qu'il a fallu se procurer, nous donne quelque droit à la reconnaissace publique : notre but sera atteint.

CONTRIBUTIONS DES PATENTES

(Loi du 25 Mars 1844).

CHAPITRE Ier.

§ Ier.

Dans notre système d'impôt, l'industrie concourt pour une forte part aux charges de l'État, sous la dénomination du droit de patentes.

Autrefois l'impôt qui pesait sur l'industrie était :

1° La portion de la taille personnelle exigée; en plus, des artisans et des marchands ;

2° La portion du vingtième d'industrie ;

3° Plus, les droits de maîtrises et de jurats, qui tous furent abolis par édit de 1776, par le ministre Turgot, qui proclama la liberté du commerce et de l'industrie, et la modérait par de sages mesures de police et de surveillance. La chûte de ce ministre entraîna celle de son système.

Bientôt furent rétablis dans toutes leurs forces ces anciens usages : au mois d'août 1776, les six corps des marchands avec les quarante-quatre communautés, recouvrèrent les privilèges d'exercer le commerce, métiers et professions qui leur avaient été attribués par les arrêtés du Conseil.

Arriva la loi du 17 mars 1791, qui supprima de nouveau ce qu'avait précédemment fait le ministre Turgot, les maîtrises et les jurats; mais comme toutes les choses, même mauvaises, qui rapportent à l'Etat, se perpétuent, et que quels que soient les gouvernements il faut des subsides au trésor, l'on créa l'impôt des patentes et l'on prescrivit les mesures de recouvrement. Telle est la nouvelle origine de cet impôt.

Les dispositions des diverses lois rendues sur cette matière, ont été en partie refondues par celles du 1er brumaire an VII, qui elle-même l'a été par celle du 25 avril 1844. Quelques dispositions des lois des finances, des 25 mars 1817, 15 mai 1818 et 17 juillet 1819, sont maintenues et forment la nouvelle base de cet impôt, qui doit régir la matière, et l'un des plus importans du trésor public.

Cette nouvelle loi doit-elle remplir le but que se proposaient le Gouvernement et les Chambres? Il serait difficile de le décider dès à-présent.

De nombreuses améliorations y ont été introduites. Quelques notes explicatives que nous avons émises; la jurisprudence de la Cour de Cassation et du Conseil-d'Etat que nous rapportons ici, se rapportant à cette matière, fixeront ceux qui consulteront cet opuscule, et que la loi renferme dans ses attributions.

Il nous suffit ici de dire que la nouvelle loi affranchit les ouvriers en chambre de l'impôt de patente; qu'elle réduit également le droit proportionnel au vingtième; qu'elle classe chaque citoyen d'après l'importance de son industrie. Ces innovations, d'une incontestable équité, sont des améliorations importantes et méritent, malgré les critiques de quelques esprits chagrins, toute la sympathie de l'industrie et du commerce.

La patente est un impôt de quotité auquel sont assujétis tous ceux qui font un commerce, qui ont une industrie, un état ou profession, désignés dans la nomenclature générale ci-après.

§ II. — *Sont sujets à patente.*

1er. Tous les individus français ou étrangers qui exercent en France un commerce, une industrie ou une profession (non ceux compris dans le tableau des exceptions ci-joints), sont assujétis à l'impôt de patente. (Loi du 25 avril 1844, article 1er).

2. La contribution des patentes se compose de deux éléments : le droit fixe et le droit proportionnel. (De la loi, article 2).

§ III.— *Du droit fixe.*

3 Le droit fixe est réglé conformément aux tableaux A, B, C ci-joints. Il est établi :

1° Eu égard à la population, et d'après un tarif général pour le commerce, l'industrie ou profession. Dans le tableau A (voir);

2° Eu égard à la population et d'après *un tarif exceptionnel* pour les industries ou professions. Porté au tableau B (voir);

3° Sans égard à la population pour celles des industries ou professions qui font l'objet du tableau C ci-joint (voir). (De la loi, article 3).

4. Les commerces, industries et professions non dénommés ni tarifés dans les tableaux A, B, C, n'en sont pas moins soumis à la patente.

Le droit fixe auquel ils doivent être soumis, *est réglé d'après l'analogie des opérations ou des objets de commerce qu'ils font*, par un arrêté spécial du préfet, rendu sur la proposition du directeur des contributions directes, et *après avoir pris l'avis du maire*. (De la loi, art. 4.)

5. Tous les cinq ans, des tableaux additionnels contenant la nomenclature des commerces, industries et professions classés par voie d'assimilation, *depuis trois ans* au moins, seront soumis à la sanction législative. (De la loi, art. 4.)

Nota. — Ce dernier paragraphe, qui confère une garantie importante, est le résultat d'un amendement de M. de Bussières, député.

6. Pour les professions dont le droit fixe varie en raison de la population du lieu où il est exercé, les tarifs sont appliqués d'après la population qui aura été déterminée par la dernière ordonnance de dénombrement. (De la loi, article 5.)

7. Néanmoins, lorsque ce dénombrement fera passer une commune dans une autre catégorie supérieure à celle dont elle faisait précédemment partie, l'augmentation du droit fixe ne sera appliqué que pour moitié pendant les cinq premières années. (Même loi, art. 5.)

8. Dans les communes dont la population totale est de 5,000 âmes et au-dessus, les patentables exerçant, dans la banlieue, village ou hameau détaché, des professions imposables, eu égard à la population (tableau A et B), payeront le droit fixe d'après le tarif applicable à la population non agglomérée ; c'est-à-dire, que si la commune a une population de 2 à 3,000 âmes, et que la population du village ou hameau détaché soit au-dessous de 2,000 âmes, on appliquera le tarif contenu dans la huitième colonne du tarif général.

Mais les patentables exerçant lesdites professions dans la

partie agglomérée de la commune, payeront le droit fixe d'après le tarif applicable à la population totale de cette commune, bien qu'elle soit divisée en plusieurs sections. (De la loi, art. 6.)

9. Les patentables qui exercent plusieurs commerces, industries ou professions, même dans plusieurs communes différentes, *ne peuvent être soumis qu'à un seul droit fixe.*

Mais ce droit est toujours celui le plus élevé de ceux qu'il aurait à payer s'il était assujéti à autant de droits fixes qu'il exerce de professions. (De la loi, art. 7.)

10. Les associés en nom collectif *sont tous* assujétis à la patente; toutefois, *l'associé principal paie le droit fixe en entier, les autres associés ne sont imposés qu'à la moitié de ce droit*, même quand ils ne résident pas tous dans la même commune que l'associé principal; il s'en suit, que si l'un d'eux habitait une commune dont la population serait de 50,000 âmes, et l'autre une commune de 1,500 âmes, la somme à imposer serait la même. (Même loi, art. 16.)

NOTA.— On a entendu, sans nul doute, par ces dispositions, que l'associé, autre que l'associé principal, payerait la moitié de ce que paye l'associé principal : si, par exemple, celui-ci est établi à Paris, ce sera la moitié du droit payé par lui à Paris que payera son associé dans quel lieu qu'il habite, serait-ce une commune de 200 habitans. Si, au contraire, le siége de l'établissement est fixé dans cette dernière commune, comme c'est d'après le tarif de la population de cette commune que l'associé principal est imposé, les autres associés, fussent-ils domiciliés à Paris, ne doivent payer que la moitié du droit payé par leurs co-associés.

11. Les associés ou compagnies anonymes, ayant pour but une entreprise industrielle ou commerciale, sont imposés à un seul droit fixe sous la désignation de l'objet de l'entreprise, sans préjudice du droit proportionnel.

La patente assignée à ces sociétés ou compagnies, ne dispense aucun des sociétaires ou actionnaires du paiement des droits de patente, auxquels ils pourraient être personnellement assujétis pour l'exercice d'une industrie particulière. (De la loi, art. 17.)

12. Un supplément de droits fixes est également dû par les patentables qui, dans le cours de l'année, entreprendraient une profession d'une classe supérieure à celle qu'ils exerçaient d'abord, ou qui transportent leur établissement dans une commune d'une plus forte population, sont tenus de payer au prorata un supplément. (Loi du 25 avril 1844, art. 20.)

§ IV. — *Du droit proportionnel.*

13. Le droit proportionnel est fixé au vingtième de la valeur locative, pour toutes les professions imposables. (Loi du 25 avril 1844, art. 8).

Mais celles énumérées au tableau D ci-joint, le droit proportionnel varie suivant la nature de professions ou genres d'industries; il est :

1° Du quinzième;

2° Du vingtième;

3° Du vingt-cinquième;

4° Du trentième;

5° Du quarantième;

6° Enfin, du cinquantième. Voir ce tableau. (Même loi, art. 8).

14. Le droit proportionnel est établi sur la valeur locative :

1° Tant *de la maison d'habitation* que *des usines, ateliers, hangars, remises, chantiers,* et enfin sur tous autres locaux servant à l'exercice des professions imposables;

2° Il est également dû lors même que les logemens et les bureaux occupés sont concédés à titre gratuit;

3° La valeur locative est déterminée, soit au moyen de *baux authentiques, soit par comparaison avec d'autres locaux dont le loyer aura été régulièrement constaté,* ou sera *notoirement connu;* et, à défaut de ces bases, par voie d'appréciation;

4° Le droit proportionnel, pour les usines et les établissemens industriels, est calculé sur la valeur locative de ces établissemens, pris dans leur ensemble et munis de tous leurs moyens matériels de production. (Loi du 25 avril 1844, art. 9).

15. *Les droits proportionnels se paient :*

1° Dans toutes les communes où sont situés les magasins, boutiques, usines, ateliers, hangars, remises et chantiers, et tous autres locaux servant à l'exeroice des professions imposables ;

2° Si, indépendammennt de la maison où il fait sa résidence habituelle et principale, et qui, dans tous les cas, sauf exceptions ci-après, doit être soumise au droit proportionnel ;

3° Si le patentable possède, soit dans la même commune, soit dans des communes différentes, une ou plusieurs maisons d'habitation, il ne paie le droit proportionnel que pour celles de ces maisons qui servent à l'exercice de sa profession ;

4° Si l'industrie, pour laquelle il est assujéti à la patente, ne constitue pas sa profession principale, et s'il ne l'exerce pas par lui-même, il ne paie le droit proportionnel que sur la maison d'habitation de *l'agent* proposé à l'exploitation. (De la loi, art. 10).

16. Le patentable qui exerce :

1° Dans un même local, ou dans des locaux non distincts, plusieurs industries ou professions passibles d'un droit proportionnel différent, paie ce droit d'après le taux applicable à la profession pour laquelle il est assujéti au droit fixe ;

2° Dans le cas où les locaux sont distincts, il ne paie, pour chaque local, que le droit proportionnel attribué à l'industrie ou profession qui y est spécialement exercée ;

3° Dans ce dernier cas, le droit proportionnel n'en demeure pas moins établi sur la maison d'habitation, d'après le taux applicable à la profession pour laquelle le patentable est imposé au droit fixe. (De la loi, art. 11).

Nota. — Lorsque le patentable possède plusieurs maisons d'habitation, il doit payer le droit proportionnel sur la maison où il fait *sa résidence principale et habituelle ;* et s'il possède une maison d'agrément, une maison de campagne, il ne doit aucun droit proportionnel sur ces maisons.

Mais dans le cas où il possède des établissemens industriels auxquels se trouvent annexés de petits logemens accessoires destinés à la résidence accidentelle du patentable pour surveiller la gestion de ces établissemens, le droit proportionnel est dû sur ces logemens indépendamment de la maison principale. (Voir la jurisprudence ci-après sur les patentes).

L'établissement où le patentable n'exerce pas lui-même

une industrie, ou n'en faisant pas sa profession principale, mais l'exerçant par ses agens, *ne doit pas être imposé au droit proportionnel sur sa propre maison d'habitation*, mais seulement sur celle de ses agens.

NOTA.—En effet, sa maison pourrait être, par sa richesse et son importance, en disproportion avec la faiblesse de son industrie; dans ce cas, la maison qui sert de siége et qui doit être soumise au droit proportionnel, n'est pas celle du propriétaire de l'usine, mais seulement celle de l'usinier.

17. Dans les communes dont la population est inférieure à 20,000 âmes, mais qui, en vertu d'un nouveau dénombrement, passeraient dans la catégorie des communes au-dessus de ce nombre, les patentables des septième et huitième classes *ne sont soumis au droit proportionnel* que dans le cas où une *seconde ordonnance* de dénombrement aura maintenu lesdites communes dans la même catégorie, c'est-à-dire qu'il y a plus de 20,000 âmes. (De la loi, art. 12).

18. Le droit proportionnel est établi sur la maison d'habitation de l'associé principal, ainsi que sur tous les locaux qui servent à la société pour l'exercice de son industrie.

La maison d'habitation de chacun des autres associés est affranchie du droit proportionnel, à moins qu'elle ne serve à l'exercice de l'industrie sociale. (De la loi, art. 16).

19. Lorsque le mari et la femme séparés de biens ont des établissemens distincts, dans ce cas, chacun d'eux doit avoir sa patente et payer séparément tant le droit fixe que proportionnel. (De la loi, art. 15).

20. Un supplément de droit proportionnel est également dû par les patentables :

1° Lorsqu'ils prennent des maisons ou des locaux d'une valeur locative supérieure à celle des maisons ou locaux pour lesquels ils ont été primitivement imposés;

2° Pour ceux qui entreprennent une profession passible d'un droit proportionnel plus élevé;

3° Les supplémens d'impôts ne sont dûs qu'à compter du premier du mois dans lequel les changemens auront été opérés. (De la loi, art. 23).

§ V. — *Du transport des marchandises*.

21. Tout individu transportant des marchandises de commune en commune, lors même qu'il vend pour le compte des marchands ou des fabricans, est tenu d'avoir une patente personnelle qui, selon le cas, doit être celle des colporteurs avec balles, bêtes de somme ou avec voiture. (De la loi, art. 18).

Nota. — Les commis-voyageurs plaçant sur échantillons ne sont pas passibles de patente; mais les commis qui transportent des marchandises pour les vendre, doivent être imposés; car, si on n'avait pas introduit une pareille disposition, il n'est pas de colporteur qui ne fut devenu commis-voyageur d'une maison : ce fut l'observation du Ministre des Finances, à la Chambre des Députés, à la séance du 4 mars 1844.

§ VI. — *Des Etrangers en France.*

22. Les commis-voyageurs des nations étrangères doivent être traités, relativement à la patente, sur le même pied que les commis-voyageurs français chez ces mêmes nations. (De la loi 25 avril 1844, art. 19).

Nota. — Ainsi que l'a expliqué le Ministre des Finances, à la Chambre des Pairs, dans la séance du 13 avril 1844, les commis-voyageurs voyageant pour le compte des nations étrangères; c'est dans ce cas qu'ils seront assujétis aux droits de patentes; ce n'est pas la nationalité du commis-voyageur que l'on doit considérer, mais la nationalité des affaires dont s'occupera le commis-voyageur; c'est le système appliqué dans les pays étrangers qu'on doit appliquer par réciproque.

22 *bis.* Les consuls, vices-consuls et tout agent des puissances étrangères qui ont un domicile en France et y exercent un commerce, une industrie ou une profession, sont assujétis aux obligations et charges envers l'Etat, que celles imposées aux Français, pour raison de leur commerce et de leur industrie; ils doivent la patente tarifée d'après la population des lieux qu'ils habitent. (Arrêté du Gouvernement, du 22 ventôse an VII, et loi du 25 avril 1844, art. 1er).

§ VII. — *Assiette de l'impôt sur les patentes.*

23. Les contrôleurs des contributions directes procèdent annuellement au recensement des imposables à la patente et à la formation des matrices de rôle servant au recouvrement. (Loi du 25 avril 1844, art. 20.)

24. Les maires des communes sont prévenus de l'époque de l'opération du recensement *et peuvent assister* le contrôleur dans cette opération, *ou se faire représenter* à cet effet par un délégué. (De la loi, art. 20.)

Nota. — Les chambres ont décidé que l'intervention du maire serait facultative dans la rédaction de la matrice. Le vœu du législateur est qu'il faut que ce magistrat intervienne toutes les fois qu'il y aura la moindre apparence d'utilité pour le contribuable, mais en ce sens que l'absence de son intervention ne peut pas amener la nullité des opérations du contrôleur. Il semble évident que les Chambres n'ont considéré cette intervention du maire que sous un seul rapport, c'est-à-dire comme une garantie donnée à la fortune des contribuables contre la prétention exagérée ou erronnée des agens du fisc; mais qu'elles ne l'ont pas considérée sous un autre rapport, au moins aussi essentiel, je veux dire comme une garantie donnée à la personne même du citoyen, à l'inviolabilité de son domicile, dont la sécurité est un élément de la liberté individuelle elle-même.

Il semble donc que les Chambres n'ont voulu innover en rien aux principes consacrés par les diverses dispositions de nos lois, et d'après lesquelles, si un citoyen refusait l'entrée de son domicile à un agent du trésor, cet agent serait obligé de recourir à l'intervention soit du maire ou de l'adjoint, soit du commissaire de police, soit enfin du juge-de-paix.

25. En cas de dissentiment entre les maires, leurs délégués et les contrôleurs, les observations contradictoires des maires ou délégués seront consignées dans une colonne spéciale de la matrice, rédigée par le contrôleur. (De la loi, art. 20.)

26. La matrice dressée par le contrôleur doit être déposée *pendant dix jours* au secrétariat de la mairie, afin que *les intéressés puissent en prendre connaissance* et remettre au maire leurs observations. (Même loi et article).

27. A l'expiration d'*un second délai de dix jours*, le maire, après avoir consigné ses observations sur la matrice, l'adresse au sous-préfet. (Même loi et article).

28. Le sous-préfet porte également ses observations sur

la matrice, et la transmet au directeur des contributions directes, qui établit la taxe, conformément à la loi, pour tous *les articles non contestés.* (Même loi et article.)

29. A l'égard des articles sur lesquels le maire ou le sous-préfet ne seraient pas d'accord avec le contrôleur, le directeur *soumettra les contestations au préfet*, avec son avis motivé. (Même loi et article.)

30 Si le préfet ne croit pas devoir adopter les proposisitions du directeur, il en référera au Ministre des Finances. (Même loi et article.)

31. Les contrôleurs, lors de la rédaction de leurs matrices, doivent au préalable s'adresser aux percepteurs pour obtenir d'eux les renseignemens qu'ils peuvent fournir au moyen de *leur journal de notes.* (Instruction du Ministre des Finances, du 24 mai 1817).

32. Au mois d'août ou de septembre de chaque année, le maire invite ses administrés par un avis :

1° Que ceux imposés aux droits de patente qui auraient l'intention de cesser leurs commerces, leurs industries ou professions avant le mois de janvier suivant, d'en faire la déclaration immédiatement au secrétariat de la mairie, afin que leurs noms soient éliminés des rôles pour l'exercice suivant;

2° Que ceux qui changent de profession ou qui prennent des établissemens dont la valeur locative est plus élevée;

3° Que ceux qui ont l'intention d'entreprendre, soit une profession ou un commerce quelconque, d'en faire également la déclaration à la mairie, ainsi que des lieux où ils entendent l'exercer, afin que l'estimation qui doit servir de base au droit proportionnel soit faite contradictoirement avec le déclarant et l'autorité.

33. C'est sur les lieux même des usines ou établissemens servant, soit à une profession, soit à une industrie, que le contrôleur et le maire doivent opérer pour fixer la valeur locative.

34. Lorsqu'il ne se trouve dans une commune aucun habitant sujet à patente, et que parmi ceux exerçant il n'y a aucun changement dans leur industrie et location ou usine, le contrôleur rédige un état négatif, dont le maire certifie l'authenticité. (Loi du 15 fructidor an VIII, art. 21.)

§ VIII.— *Population des communes.*

35. Le contrôleur doit aussi indiquer en tête de la matrice qu'il a rédigée pour les patentes, le nombre de la population de la commune, nombre qui sert de base pour la fixation du droit fixe et des classes des patentables. (Instruction du Ministre des Finances, 15 vendémiaire an IX et 11 avril 1817.)

36. Le Conseil-d'Etat, par son arrêté du 23 novembre 1842, a décidé que dans le tableau authentique de la population du royaume, dressé à la suite du dernier recensement, ne devait pas être compris dans le chiffre d'après lequel est réglé l'assiette de l'impôt, et notamment pour fixer les classes des patentables :

1° Les séminaires ;
2° Les garnisons des armées ;
3° Les prisonniers ;
4° Les hospices ;
5° Les colléges ;

Tous devant être considérés comme population flottante.

37. Comme le droit fixe varie à raison de la population des communes, le directeur des contributions directes fait un état de la population du département, et dans le cas où cet état ne coïnciderait pas avec celui porté par le contrôleur sur la matrice, ou déclaré par le maire et le sous-préfet, le directeur provoquerait une décision du préfet. (Instruction du Ministre des Finances, du 30 fructidor an XI, et 17 novembre 1803.)

38. Afin de faciliter aux patentables les moyens de s'assurer si l'impôt est bien ou mal établi, voir les tableaux ci-après.

39. Pour ceux qui n'exercent leur profession qu'une partie de l'année, et quelle que soit l'époque du commencement de la profession ou de la cessation, la patente est dûe pour tout le restant de l'année. (De la loi, art. 23.)

§ IX.— *De la matrice supplémentaire des patentes.*

40. Pour la formation des matrices supplémentaires des patentes, le contrôleur doit se transporter tous les trois mois de l'année dans les communes de son contrôle ; le maire est prévenu du jour de sa tournée, et fait dresser un état :

1° De ceux qui exercent une profession ou une industrie sujette à patente, et qui ont été omis dans les précédentes matrices ;

2° De ceux qui ont été taxés dans les premières matrices par erreur ou autrement, soit à des sommes supérieures ou inférieures à celles qu'ils devaient supporter ;

3° Ceux qui n'avaient aucun état sujet à patente lors de la formation de la dernière matrice, ou qui avaient été omis, ont postérieurement entrepris un genre de commerce ou profession qui donne lieu à la patente ;

4° Ceux qui déjà compris aux rôles antérieurs, entreprennent un commerce d'une classe supérieure à celle où ils étaient précédemment imposés ;

5° Ceux qui sans changer de profession augmentent leurs fabriques, ateliers, magasins ou usines, au moyen desquels ils prennent une valeur locative d'habitation plus élevée ;

6° Ceux qui changent de domicile sans changer de profession, vont s'établir dans une commune qui, en raison de la population plus ou moins élevée, donne lieu à un droit plus ou moins fort ;

7° Le contrôleur doit indiquer dans sa matrice si elle est faite pour les premier, deuxième, troisième ou quatrième trimestres ;

8° Ces matrices se font par trimestres échus, c'est-à-dire pour celui de janvier au mois d'avril, pour celui d'avril au mois de juillet, celui de juillet au mois d'octobre, enfin celui d'octobre au mois de janvier. (Loi du 25 avril 1844, art. 23; instruction du Ministre des Finances, 19 août 1816 et 25 janvier 1817.)

§ X.— *Des paiemens et confection des rôles.*

11. Les matrices des rôles de patente, tant primitives que supplétives, sont rédigées par le contrôleur, déposées au secrétariat des mairies afin que les intéressés puissent en prendre connaissance et remettre au maire leurs observations. A l'expiration d'un second délai de dix jours, le maire, après avoir consigné ses observations sur la matrice, l'adresse au sous-préfet qui, lui-même, y fait ses observations, et transmet le tout au directeur, qui fait confectionner les rôles; après avoir porté chaque patentable à la classe qui lui appartient, le soumet au préfet pour être par lui *vérifié, arrêté et rendu exécutoire.* (Loi du 25 avril 1844, art. 20.)

42. Un avertissement officieux est adressé à chaque patentable par les soins du percepteur, dans le but de l'informer du montant des taxes, des époques d'exigibilité.

43. Les patentables qui se croient fondés à réclamer, tant contre le droit imposé que contre toute erreur matérielle, *ont trois mois, à compter de la publication des rôles*, pour demander au préfet le redressement de leurs griefs. (Loi des Finances, 1844, budget 1845.)

44. Dans le cas de non-paiement de l'impôt des patentes, les poursuites ont lieu conformément à la loi. (16 thermidor an VIII, et 15 mai 1818).

45. Pour le recouvrement, le paiement s'effectue par douzième, de mois en mois échu. (De la loi, art. 24.)

46. Néanmoins, les marchands forins, les colporteurs, les directeurs d'amusemens et jeux publics non sédentaires, et tous autres patentables dont la profession n'est pas exercée à demeure fixe, sont tenus d'acquitter le montant de leurs cotes au moment même où la patente leur est délivrée (Même loi et article.)

47. Dans le cas où le rôle n'est mis en recouvrement que postérieurement au 1er mars, le douzième échu n'est pas immédiatement exigible : le recouvrement en est fait par partie égale en même temps que celui des douzièmes échus. (De la loi, art. 24).

NOTA. — L'on suppose qu'un patentable doive 24 fr. par an pour sa patente, le douzième est de 2 fr.; le rôle n'étant mis en recouvrement que le 1er mai, il y a quatre douzièmes exigibles; le percepteur, au lieu d'exiger 8 fr., ne peut demander que 3 fr. par chacun des huit mois restant.

48. Le cas de déménagement hors du ressort de la perception, comme en cas de vente, soit volontaire, soit forcée, la contribution des patentes est immédiatement exigible en totalité et de préférence sur tous autres créanciers. (Lois du 12 novembre 1808 et 25 avril 1844).

§ XI. — *Responsabilité des maîtres de maison.*

49. Les propriétaires et, à leur place, les principaux

locataires qui n'auraient pas, *un mois avant le terme fixé par le bail* ou convention verbale, donné avis au percepteur du déménagement de leurs locataires ou sous-locataires, sont responsables des sommes dues par ceux-ci pour la contribution des patentes. (De la loi, art. 25).

50. Dans le cas de déménagement furtif, les propriétaires et, à leur place, les principaux locataires, deviennent responsables de la contribution des patentes de leurs locataires, s'ils n'ont pas, *dans les trois jours*, donné avis au percepteur. (De la loi 25 avril 1844, art. 25).

51. Le percepteur doit donner récépissé de la déclaration qu'il lui est faite de ces déménagemens, aux déclarans, pour leur servir de décharge; et, dans le cas de refus, il peut lui être fait sommation par huissier. Dans ce cas, les frais sont à la charge du percepteur, sans répétition contre les contribuables.

52. Par suite de ces déménagemens furtifs et des sommes dues au trésor, la part de la contribution, laissée à la charge des propriétaires ou principaux locataires, comprend seulement le dernier douzième échu et le douzième courant dû par le patentable. (De la loi, art. 25).

53. Pour couvrir les garanties des propriétaires ou principaux locataires, ils doivent demander à ses sous-locataires l'exibition des quittances du percepteur, pour s'assurer que les termes échus sont exactement payés; ils peuvent également s'en assurer près du percepteur.

54. La contribution des patentes est due, pour l'année entière, par tous les individus exerçant au mois de janvier une profession imposable. (Loi du 25 avril 1844, art. 23.)

55. Dans le cas de cession d'établissement, la patente sera, sur la demande du cédant, *transférée* à son successeur; la mutation de cote sera réglée par arrêté spécial du préfet. (Même loi, art. 23).

56. En cas de fermeture des magasins, boutiques ou ateliers, soit par suite de décès, soit pour cause de faillite déclarée, *les droits ne sont dûs que pour le passé et le mois courant*. (Même loi, art. 23).

57. Sur la réclamation des parties intéressées, il sera accordé décharge du surplus de la taxe due. (Même loi, article 23).

§ XII. — *Exibition de patentes ; contravention et peine.*

58. Tout patentable est tenu d'exhiber sa patente, lorsqu'il en est requis, soit au maire, à l'adjoint au maire, au juge-de-paix, au commissaire de police *et à tous autres agens de police judiciaire*. (Loi du 25 avril 1844, art. 25).

59. Pour fixer les patentables sur le mot agens de police judiciaire auxquels ils sont tenus de déférer à leur invitation, nous avons recours à la loi du 3 mai 1844, articles 1er et 3, qui en donne la nomenclature, et qui sont :

1° Les maires, adjoins, commissaires de police et juges-de-paix ;

2° Les gardes-forestiers, gardes-pêches et gardes-champêtres ;

3° Des gardes assermentés des particuliers ;

4° Aux officiers, sous-officiers et gendarmes.

Tous ces agens ont-ils qualité pour demander l'exhibition des patentes ?

La loi le veut en matière de chasse et de pêche.

60. Toutes les contraventions de défaut de représentation de la patente sont constatées par des procès-verbaux qui sont adressés aux agens des contributions. (De la loi, art. 27).

61. Les patentes sont personnelles et ne peuvent servir qu'à ceux à qui elles sont délivrées. En conséquence, les associés en nom collectif sont tous assujétis à la patente. (De la loi, art. 16).

§ XIII. — *De la formule des feuilles de patente.*

62. Tout individu nanti d'une patente peut exercer son industrie et sa profession dans toute l'étendue de la France, en se conformant aux réglemens de police. (Lois du 25 mars 1817, art. 66; 15 mai 1818, art. 61).

63. Les formules de patentes sont expédiées par le directeur des contributions, sur une feuille timbrée du prix de 1 fr. 25 cent. chaque. Ce prix est acquitté au percepteur, *en entier,* lors du paiement du premier douzième des impôts. (Loi 25 avril 1844, art. 26).

64. La formule de patente, ainsi que la patente, n'ont de valeur que du 1er janvier au 31 décembre suivant, et celles prises dans le courant de l'année, également jusqu'au 31 décembre, quelle que soit l'époque de leur délivrance. (Loi du 16 juin 1824.)

65. Les formules de patentes sont visées par le maire ou l'adjoint délégué et revêtues du sceau de la mairie ; mais ce visa ne peut être donné que lorsque le percepteur a certifié, en marge de la feuille, que le douzième échu et le prix du timbre de cette feuille ont été payés. (De la loi, art. 26).

66. Les agens des contributions directes peuvent également délivrer une feuille de patente lorsque la demande leur en est faite et avant l'émission des rôles, après, toutefois, que le montant des douzièmes ont été acquittés par les requérans, en les mains du percepteur, s'il s'agit d'individus domiciliés dans la perception ; et la totalité des droits, s'il s'agit des patentes désignées en l'art. 23 de la loi du 25 avril 1844, qui sont les colporteurs et tous ceux non domiciliés dans le ressort de la perception. (De la loi, art. 30).

67. A cet effet, les agens des contributions remettent, à celui qui réclame une patente, une note indiquant la profession, le domicile et le chiffre à payer, pour être, par ce dernier, remise au percepteur pour lui servir de titre.

68. Cette nature de patente doit, comme les autres, être soumise au visa du maire.

69. Les marchandises mises en vente par des individus non munis de patentes, et vendant hors leur domicile, *sont saisies et sequestrées* au frais du vendeur, à moins qu'il ne donne caution suffisante jusqu'à la représentation de la patente, ou la production de la preuve que la patente a été délivrée. (De la loi, art. 28).

70. Si un individu, non muni de patente, exerce au lieu de son domicile, il sera dressé un procès-verbal qui sera transmis immédiatement aux agens des contributions directes. (Même loi, art.   ).

71. Le patenté qui aura égaré sa patente, ou qui sera dans le cas d'en justifier hors de son domicile, *pourra* se faire délivrer un duplicata, soit par le directeur ou par le contrôleur des contributions directes. Ce certificat fera mention des motifs qui obligent le patenté à réclamer *ce duplicata*, qui devra être sur papier timbré du prix de 1 fr. 25 cent.; il doit également être soumis au visa du maire pour lui donner l'authenticité désirable pour toute la France. (De la loi, art. 31).

72. Le patentable réclamant devra toujours justifier préalablement, à l'agent qui lui délivrera ce duplicata, soit l'avertissement du directeur, soit un extrait du rôle du percepteur, constatant qu'il est imposé au rôle pour l'exercice dont il veut faire usage.

73. Nul ne peut former de demande, fournir aucune exception ou défense en justice, ni faire aucun acte ou signification extra-judiciaire pour tout ce qui est relatif à son commerce, sa profession ou son industrie, sans qu'il soit fait mention, en tête des actes, de la patente, avec désignation, tant de la date du numéro et de la commune où elle a été délivrée, sous peine d'une amende de 25 fr. par chaque contravention, tant contre le particulier sujet à patente, que contre les officiers ministériels qui feront lesdits actes, sans mention expresse de la patente. (De la loi, art. 29).

74. La condamnation à cette amende doit être poursuivie à la requête du procureur du roi devant le tribunal civil de l'arrondissement où la contravention a été commise. (Même loi, art. 29).

75. Le rapport de la patente ne peut, sous aucun rapport, suppléer au défaut de l'énonciation, ni dispenser de l'amende prononcée. (Même loi, art 29).

§ XIV. — *Réclamations sur les taxes.*

76. Les patentés qui se croiront fondés à réclamer contre la fixation des taxes dont ils sont imposés, *seront admis à prouver la justice de leur réclamation* :

1° Par la représentation d'acte de société légalement publié ;

2° Par les journaux et livres de commerce régulièrement tenus ;

3° Par des comparaisons et même par des expertises ;

4° Enfin, par tout autre document pouvant faire ressortir la justice de la réclamation. (Loi 25 avril 1844, art. 21).

77. Les réclamations *en décharge* ou *réduction*, et les demandes *en remise* et *modération*, seront *communiquées au maire* ; elles seront d'ailleurs présentées, instruites et jugées dans les formes et délais prescrits pour les autres contributions directes. (De la loi, art. 22.) (*Voir au commencement de ce livre, au mot réclamations.*)

Remise ou modération. — Les demandes en remise ou en modération de patente, *à la différence* des demandes à décharge ou réduction, sont de la compétence *exclusive des préfets;* elles ne peuvent être soumises au Conseil de Préfecture. (Loi du 24 floréal an VIII, art. 28, arrêté du Conseil-d'Etat des 8 avril, 3 mai et 30 juin 1842.)

78. A Paris, l'examen de la matrice des patentes doit avoir lieu, pour chaque arrondissement municipal, par le maire assisté, soit de l'un des membres de la commission des contributions, soit de l'un des agens attachés à cette commission, délégué à cet effet par le préfet. (De la loi, article 20.)

NOTA.—Cette disposition fut présentée par M. Garniron, député, et adoptée par la Chambre, ce qui n'était ni dans le projet de loi, ni de la commission.

§ 14 (BIS). — *Dipositions relatives aux Bourses et Chambres de Commerce.*

79. Les contributions spéciales destinées à subvenir aux dépenses des Bourses et Chambres de Commerce, et dont la perception est autorisée par la loi du 25 juillet 1820, art. 11, doivent être réparties sur les patentables *des trois premières classes* du tableau A, et sur ceux désignés dans les tableaux B et C ci-joints, comme passibles d'un droit *fixe* égal ou supérieur à celui desdites classes. (Loi du 25 avril 1844, art. 55.)

80. Les associés des établissemens compris dans les classes et tableaux sus-désignés, contribueront aux charges des frais de Bourses et Chambres de commerce. (Même loi, art. 55.)

§ XV.—*Jurisprudence de la Cour de Cassation et du Conseil-d'Etat sur les patentes.*

81. L'autorité administrative est seule compétente pour décider quels sont les individus sujets à patente, et ceux qui doivent être portés aux rôles et taxes. (Arrêt de la Cour de Cassation du 18 fructidor an XI.)

82. Lorsque des associés, pour l'exercice d'une industrie, ont chacun, ou seulement quelqu'un d'entr'eux, une habitation séparée du siége de l'établissement, on doit faire entrer, comme élément de la fixation du droit proportionnel de patente, la valeur locative de son habitation personnelle. (Arrêté du Conseil-d'Etat du 24 juin 1840.)

83. Le droit proportionnel du patentable ne peut, dans le courant de l'année, être augmenté, au moyen d'un rôle supplémentaire, sur le motif que la valeur locative de son établissement n'a pas été porté au taux où il devait être, si, d'ailleurs, cet établissement n'a pas été augmenté par le contribuable. (Arrêté du Conseil-d'Etat du 14 février 1839.)

84. Le droit proportionnel de patente est dû dans tous les lieux où le patentable a des usines, magasins ou boutiques, bien qu'il n'y soit pas domicilié. (Arrêté du Conseil-d'Etat du 23 juillet 1838.)

85. *Sont exempts* du droit proportionnel, les usines en non activité, encore bien qu'elles ne chaument que par la volonté de leurs propriétaires; mais pourvu qu'elles ne soient pas en activité au commencement de l'année, car alors elle devrait l'année entière. (Arrêté du Conseil-d'Etat du 23 juillet 1843.)

86. Le droit proportionnel des patentes doit être fixé sur la valeur réelle locative entière, tant des maisons d'habitations que des bâtimens ou magasins servant à l'exploitation des industries patentables, lors même que son habitation se trouverait hors de la commune où est le siége de son industrie. (Arrêtés du Conseil-d'Etat du 16 mars, 26 mai et 12 juillet 1837.)

87. Les laboureurs et cultivateurs, *seulement* pour la vente et la manipulation *de leurs récoltes et fruits* provenant des terrains qui leur appartiennent ou par *eux exploités,* sont exempts de patente. (Loi du 25 avril 1844, art. 13, n° 4.)

Nota. — Ainsi le propriétaire ou fermier qui avec du grain ferait de la bière, celui qui ferait de l'eau-de-vie avec du vin récolté chez lui ou des pommes de terre, pourvu que ce soit pour la consommation de sa maison, et non pour être livré à la vente; dans ce cas il ne doit pas de patente, mais il faut encore que ces objets soient récoltés dans ses terres ou celles par lui affermées.

88. Lorsque pour la détermination du droit proportionnel de patente on a compris, avec l'établissement industriel du patentable, une dépendance de cet établissement destiné à l'habitation, on ne peut y ajouter encore une autre maison possedée par ce patentable dans la même commune et à grande distance; mais si elle était occupée, en tout ou en partie, une partie de l'année, elle serait imposable au droit proportionnel. (Arrêté du Conseil-d'Etat du 12 juillet 1837.)

89. La réunion en société de plusieurs propriétaires, pour l'exploitation d'une tourbière qui se trouve dans leurs propriétés, les soumet au droit de patente lorsqu'elle a été établie ou publiée dans les formes prescrites pour les sociétés commerciales; mais seulement dans la détermination du droit proportionnel; on ne doit pas faire entrer la valeur locative d'une maison d'habitation où réside momentanément l'un des propriétaires. Lorsqu'une autre maison d'habitation est attachée à l'exploitation tourbière, cette dernière seulement doit les droits. (Arrêté du Conseil-d'Etat du 4 juiltet 1838.)

90. L'on ne peut continuer d'imposer, soit un négociant, soit tout autre individu sujet à patente, lorsqu'il *a fait sa déclaration à la mairie de sa commune* et qu'il en a retiré récépissé, qu'il cessait tout commerce, industrie ou profession, et qu'il a également retiré un certificat de cette cessation, soit du tribunal de commerce, soit des négocians. (Arrêté du Conseil-d'Etat du 14 mai 1817.)

91. Le négociant qui possède dans une commune, autre que celle où il exerce sa principale industrie, une maison d'achat pour alimenter son commerce, ne peut être imposé à la patente de commissionnaire en marchandises, à raison de cette maison; il doit seulement être imposé dans la commune où le taux de la patente est le plus élevé. (Arrêtés du Conseil-d'Etat des 26 octobre et 22 novembre 1836.)

92. Le marchand qui se livre à des opérations de banque en dehors de son commerce, doit être imposé à la patente de banquier. (Arrêtés du Conseil-d'Etat des 17 et 26 mai 1837).

93. Le militaire qui exerce une industrie en dehors de son service, ou pendant la durée de son congé, doit être imposé à la patente. (Arrêté du Conseil-d'Etat du 1er août 1837.)

94. L'ouvrier qui, tout en travaillant dans sa chambre pour des marchands ou fabricans, tient un atelier dans lequel il emploie lui-même d'autres ouvriers, doit être imposé à la patente comme le marchand ou fabricant lui-même. (Arrêté du Conseil-d'Etat du 14 février 1838).

95. L'entrepreneur d'un pont qui, même en vertu de son cahier des charges, établit, pendant la construction ou réparation de ce pont, des bateaux de passage pour le maintien des communications, doit être imposé à la patente à raison de cet établissement momentané. (Arrêté du Conseil-d'Etat du 23 juillet 1838).

96. Un propriétaire qui exploite un four à chaux avec les pierres extraites de ses carrières ou propriétés, et les bois provenant de ses forêts, doit être soumis au droit de patente comme convertissant des matières premières dans d'autres formes et qualités. (Arrêté du Conseil-d'Etat du 1er juillet 1839).

97. Toutes entreprises de transports, quelle qu'en soit la nature, doivent être imposées à la patente, qu'elles soient ou non étrangères à la France, à raison des bureaux de correspondance qu'elles y établissent. (Arrêté du Conseil-d'Etat du 1er juillet 1839).

98. L'auteur d'un livre et de sa publication, qui contient les indications, soit des rues, soit des monumens et tous autres renseignemens de ce genre, ainsi que les noms et les adresses des personnes, constitue un acte de commerce et par conséquent sujet à la patente. (Arrêt de la Cour Royale de Paris du 23 décembre 1840).

99. Un libraire peut, suivant la nature de ses opérations, être considéré comme un marchand en gros, et être imposé à la patente en cette qualité. (Arrêt de la Cour de Cassation du 2 décembre 1829; arrêtés du Conseil d'Etat, des 2 août 1828 et 5 décembre 1839).

100. Le débitant de tabac est exempt, quant à cette vente; mais s'il vend quelques autres objets, ne serait-ce que des pipes à fumer, il doit une patente.

101. Les maîtres de poste aux chevaux en sont également exempts, quant à ce service; mais lorsqu'ils transportent des voyageurs, des effets ou qu'ils emploient leurs voitures pour ce transport, lorsqu'ils dépassent les limites qui leur sont assignées comme relais, ils doivent la patente d'entrepreneurs de voitures publiques ou de loueurs de chevaux, ou enfin de voitures suspendues, suivant la nature de l'établissement. (Arrêté du Conseil-d'Etat du 28 prairial an VIII).

102. Le fabricant qui cesse sa fabrication, mais qui continue à en vendre le produit, n'en doit pas moins être soumis à la patente des fabricans, et non à celle de simple marchand. (Arrêté du Conseil-d'Etat du 20 novembre 1840).

103. Ne peuvent, même sur leur demande, être imposés à la patente, les individus connus sous le nom de *Courtier marron de marchandises;* il arrive que, pour donner plus de crédit à leurs opérations, ils prennent une patente: comme ces individus n'ont aucun caractère public, les maires doivent se refuser à la leur délivrer ni signer la feuille de patente, en admettant même qu'ils lui exhibent une quittance du percepteur, car ce serait sanctionner un caractère public qu'ils n'ont pas. (Loi du 28 ventôse an IX, art. 8).

104. Dans le département de la Corse, où la manipulation du tabac est permise aux particuliers, celui qui manipule du tabac est soumis à la patente des fabricans, et non à celle des marchands. (Arrêté du Conseil-d'Etat du 26 novembre 1840).

105. Le concierge d'un cercle qui vend à son profit, aux membres de ce cercle ou aux personnes étrangères, tels que café, liqueurs ou autres boissons, doit être assimilé aux cafetiers et soumis comme tel à la patente. (Arrêt de la Cour de Cassation du 6 mai 1836).

106. Ceux qui transportent dans les foires et marchés, dans une autre commune que celle où ils résident, soit œufs, fromages, légumes et fruits, s'ils vendent en gros, doivent la patente de première classe; et s'ils vendent en détail, celle de sixième.

107. Le commerçant qui, voulant discontinuer son commerce, a cessé d'acheter des marchandises et se borne seulement à écouler celles qui lui restent en magasin, n'en doit pas moins continuer à être imposé à la patente. (Arrêtés du Conseil-d'Etat des 6 novembre et 1er juillet 1840).

108. Doivent la patente entière (les patentables), pour

l'année entière, par cela seul qu'ils ont résidé dans les premiers mois de l'année dans la commune où ils sont imposés. (Arrêté du Conseil-d'Etat du 20 mars 1838).

109. La disparution d'un patentable ne peut, comme pour cause de décès, dispenser les héritiers ou tous autres ayans-droit, du paiement de la patente. (Arrêté du Conseil-d'Etat du 20 mars 1838).

110. Aucune réduction de patente ne peut être accordée sous le prétexte que l'imposé patentable exerce son industrie ou sa profession dans un quartier ou autre section de *commune aglomérée*, moins passager et moins populeux, et conséquemment la vente plus faible et moins productive. (Arrêté du Conseil-d'Etat du 27 mai 1839).

111 Les notaires ne peuvent pas refuser leur ministère aux parties qui les requièrent, sous le prétexte qu'elles n'ont pas pris la patente à laquelle ils sont soumis comme commerçans.

Ils ne sont pas juges de la question de savoir si les parties qui se présentent dans leurs études, *sont ou non patentables* : il suffit au notaire, pour se mettre à couvert de l'amende de 25 fr., de faire mention dans ses actes de la non existence et de la certification des parties qui peuvent donner lieu. (Arrêt de la Cour Royale d'Angers du 4 avril 1838).

112. Un perruquier qui est imposé à la patente en cette qualité, mais qui vend accessoirement des articles de parfumerie, est passible du droit de patente de parfumeur. (Arrêté du Conseil-d'Etat du 15 juillet 1841).

113. Le co-propriétaire d'un navire qui, sans s'occuper des opérations de l'armement, a seulement fourni des fonds pour l'opérer, n'est pas soumis à la patente d'armateur. (Arrêtés du Conseil-d'Etat des 18 décembre 1840, et 11 août 1841).

114. N'est pas soumis à la patente, le propriétaire qui, accidentellement, dans un lieu d'eau thermale, loue en garni aux voyageurs qui y viennent prendre les bains, un ou plusieurs étages ou chambres de la maison qu'il habite. (Arrêtés du Conseil-d'Etat des 28 janvier 1835; 7 janvier et 18 mars 1842).

115. L'exemption à la patente s'applique au vanier, mais seulement lorsqu'il se borne à n'employer que des osiers récoltés par lui dans les oseraies qu'il exploite à titre de propriétaire ou de fermier. (Arrêté du Conseil-d'État du 21 janvier 1842).

Mais s'il employait ses osiers à faire, soit paniers, soit corbeilles d'enfant ou autres, pour vendre, alors il doit la patente comme ayant changé ses osiers de forme.

116. L'exemption de la patente, portée par l'art. 13 de la loi du 25 avril 1844, en faveur des propriétaires laboureurs ou cultivateurs, s'applique non seulement à ceux qui vendent des bestiaux nés sur les terres qu'ils exploitent, soit comme propriétaires, soit comme fermiers, mais encore aux bestiaux qu'ils achètent maigres pour les revendre après les avoir engraissés, soit sur leurs pâturages, soit à l'étable. (Arrêtés du Conseil-d'Etat des 18 mai et 11 juillet 1838; 18 février 1839; 1er juillet 1840; 5 mars 1841; 9 juin 1842).

117. Mais ceux qui achètent des bestiaux pour les engraisser, et ensuite les revendre, et qui en font commerce, doivent la patente d'herbager; alors ils font acte de commerce. (Arrêté du Conseil-d'Etat du 15 mai 1808).

118. Le patentable qui a quitté sa profession ou son industrie dans le courant de l'année, n'est pas fondé à demander le dégrèvement de sa patente pour cette année, sur le motif que son successeur a été lui-même imposé à la patente pour cette année et pour le même objet; il doit, en conformité de l'art. 23 de la loi du 25 avril 1844, demander au préfet la mutation de sa cote patentable; alors le successeur paie la portion mise à sa charge par ledit arrêté. (Arrêté du Conseil-d'Etat du 3 février 1843).

119. Le droit proportionnel de patente ne peut être assis que sur les usines en cours d'exploitation, et non sur celles en état de chômage, alors même que ce chômage serait volontaire. (Arrêté du Conseil-d'Etat du 20 mai 1843).

§ XVIII. — *Tableau A.*

120. TARIF GÉNÉRAL DES PROFESSIONS IMPOSÉES EU ÉGARD A LA POPULATION.

CLASSES.	DE 100,000 AMES ET AU-DESSUS.	DE 50,000 A 100,000.	DE 30,000 A 50,000.	DE 20,000 A 30,000.	DE 10,000 A 20,000.	DE 5,000 A 10,000.	DE 2,000 A 5,000.	DE 2,000 AMES ET AU-DESSOUS.
	fr.	fr.	fr.	fr.	fr.	fr.	fr.	fr.
1re.	300	240	180	120	80	60	45	35
2e.	130	120	90	60	45	40	30	25
3e.	100	80	60	40	30	25	22	18
4e.	75	60	45	30	25	20	18	12
5e.	50	40	30	20	15	12	9	7
6e.	40	32	24	16	10	8	6	4
7e.	20	16	12	8	*8	*5	*4	*3
8e.	12	10	8	6	*5	*4	*3	*2

Le signe * veut dire : exemption du droit proportionnel.

Sont réputés :

1° Marchands en gros, ceux qui vendent habituellement aux marchands en demi-gros et aux marchands en détail ;

2° Marchands en demi-gros, ceux qui vendent habituellement aux détaillans et aux consommateurs ;

3° Marchands en détail, ceux qui ne vendent habituellement qu'aux consommateurs.

PREMIÈRE CLASSE.

Aiguilles à coudre et à tricoter (marchand d'), en gros.
Bas et bonnetterie (marchand de), en gros.
Beurre frais ou salé (marchand de), en gros.
Blondes (marchand de), en gros.

Bois à brûler (marchand de). — Celui qui, ayant chantier ou magasin, vend au stère, ou par quantité équivalente ou supérieure.
Bois de marine ou de construction (marchand de).
Bois merrain (marchand de), en gros. — S'il vend par bateau ou charrette.
Bois de sciage (marchand de), en gros.
Bronzes, dorures et argentures sur métaux (marchand de), en gros.
Cachemires de l'Inde (marchand de).
Caisse d'escompte (tenant).
Caisse ou comptoir d'avances ou de prêts (tenant).
Caisse ou comptoir de recettes ou de paiemens (tenant).
Changeur de monnaies.
Chapeaux de paille (marchand de), en gros.
Chapellerie (marchand de matières premières pour la).
Charbon de bois (marchand de), en gros.
Chiffonnier en gros.
Cloutier (marchand), en gros.
Coton et laine (marchand de), en gros.
Coton filé (marchand de), en gros.
Crin frisé (marchand de), en gros.
Cristaux (marchand de), en gros.
Cuirs en vert, étrangers (marchand de), en gros.
Cuirs tannés, corroyés, lissés, vernissés (marchand de), en gros.
Denrées coloniales (marchand de), en gros.
Dentelles (marchand de), en gros.
Diamans et pierres fines (marchand de).
Droguiste (marchand), en gros.
Eau-de-vie (marchand d'), en gros.
Episseries (marchand d'), en gros.

§ XIX. — *Tableau B.*

121. PATENTABLES HORS CLASSE, EU ÉGARD A LA POPULATION, D'APRÈS LE TARIF EXCEPTIONNEL.

	fr.
Agent de change :	
A paris.	1,000
Dans les villes de 100,000 âmes et au-dessus.	250
De 50,000 à 100,000 âmes.	200
De 30,000 à 50,000, et dans les villes de 15,000 à 30,000 âmes qui ont un entrepôt réel.	150
Dans les villes de 15,000 à 30,000 âmes, et dans les villes d'une population inférieure à 15,000 âmes qui ont un entrepôt réel.	100
Dans toutes les autres communes.	75
Banquier :	
A Paris	1,000
Dans les villes d'une population de 50,000 âmes et au-dessus.	500
Dans les villes de 30,000 à 50,000 âmes, et dans celles de 15,000 à 30,000 âmes qui ont un entrepôt réel.	400
Dans les villes de 15,000 à 30,000 âmes; dans les villes d'une population inférieure à 15,000 âmes qui ont un entrepôt réel.	300
Dans toutes les autres communes.	200

Commissionnaire en marchandises :	**fr.**
A Paris.	400
Dans les villes d'une population de 50,000 âmes et au-dessus.	300
Dans les villes de 30,000 à 50,000 âmes, et dans celles de 15,000 à 30,000 âmes qui ont un entrepôt réel.	200
Dans les villes de 15,000 à 30,000 âmes, et dans les villes d'une population inférieure à 15,000 âmes qui ont un entrepôt réel.	150
Dans toutes les autres communes.	75
Commissionnaire entrepositaire; Commissionnaire de transports par terre et par eau; Courtier d'assurances; Courtier de navires; Courtier de marchandises :	
A Paris.	250
Dans les villes de 50,000 âmes et au-dessus.	200
Dans les villes de 30,000 à 50,000 âmes, et dans celles de 15,000 à 30,000 âmes qui ont un entrepôt réel.	150
Dans les villes de 15,000 à 30,000 âmes, et dans les villes d'une population inférieure à 15,000 âmes qui ont un entrepôt réel.	100
Dans toutes les autres communes.	50
Entrepreneur d'éclairage à l'huile :	
A Paris.	300
Dans les villes de 50,000 âmes et au-dessus.	150
Dans les villes de 30,000 à 50,000 âmes.	100
Dans les villes de 15,000 à 30,000 âmes.	50
Dans toutes les autres communes.	25
Facteur aux halles de Paris :	
Pour les farines, le beurre, les œufs, le fromage, le poisson salé.	150
Pour les grains, graines et grenailles, la marée, les huîtres et les cuirs.	100
Pour le poisson d'eau douce, la volaille, le gibier, les agneaux, cochons de lait, veaux de rivière et de Pré-salé, les veaux, les charbons de bois arrivés par eau, les draps, les toiles, les fourrages.	75
Pour le charbon de bois arrivé par terre ou pour le charbon de terre.	50
Pour les fruits et légumes.	25
Gaz pour l'éclairage (fabrique de) :	
Pour les fabriques qui fournissent l'éclairage de tout ou partie de la ville de Paris.	600
Des villes de 50,000 âmes et au-dessus.	400
Des villes de 30,000 à 50,000 âmes.	200
Des villes de 15,000 à 30,000 âmes.	150
Des villes au-dessous de 15,000 âmes.	75
Inhumations et pompes funèbres de Paris (Entreprise des). . .	1,000
Monnaies (directeur des) :	
A Paris.	1,000
Dans toutes les autres villes.	500
Négociant :	
A Paris.	400
Dans les villes de 50,000 âmes et au-dessus.	300

	fr.
Dans les villes de 30,000 à 50,000 âmes, et dans celles de 15,000 à 30,000 âmes qui ont un entrepôt réel.	200
Dans les villes de 15,000 à 30,000 âmes, et dans les villes d'une population inférieure à 15,000 âmes qui ont un entrepôt réel.	150
Dans toutes les autres communes.	100
Pont (concessionnaires ou fermiers de péage sur un) :	
Dans l'intérieur de Paris.	200
Dans l'intérieur d'une ville de 50,000 âmes et au-dessus.	100
Dans l'intérieur d'une ville de 20,000 à 50,000 âmes.	75
Dans les autres communes d'une population inférieure à 20,000 âmes, lorsque le pont réunit deux parties d'une route royale.	75
D'une route départementale.	50
D'un chemin vicinal de grande communication.	25
D'un chemin vicinal.	15
Roulage (entrepreneur de) :	
A Paris.	300
Dans les villes de 50,000 âmes et au-dessus.	200
Dans les villes de 30,000 à 50,000 âmes et dans celles de 15,000 à 30,000 âmes qui ont un entrepôt réel.	150
Dans les villes de 15,000 à 30,000 âmes, et dans les villes d'une population inférieure à 15,000 âmes qui ont un entrepôt réel.	100
Dans toutes les autres communes.	75

§ XX.— *Tableau* C.

122. Professions imposées sans égard a la population des communes.

PREMIÈRE PARTIE.

Droit proportionnel au 15e.

Armateur pour le long-cours : 40 cent. par chaque tonneau, jusqu'au maximum de 400 fr.	
Armateur pour le grand et le petit cabotage, la pêche de la baleine et celle de la morue : 25 cent. par chaque tonneau, jusqu'au maximum de 400 fr.	
Assurances non mutuelles, dont les opérations s'étendent à plus de vingt départemens.	1,000
— De six à vingt départemens.	500
— A moins de six départemens.	300
Banque de France, y compris ses comptoirs.	10,000
Banque dans les départemens :	
Ayant un capital de 2 millions et au-dessous.	1,000
Par chaque million de capital en sus, 200 fr., jusqu'au maximum de 2,000 fr.	
Bateaux et paquebots à vapeur pour le transport des voyageurs (entreprise de).	
— Pour voyages de long-cours.	300
— Sur fleuves, rivières et le long des côtes.	200

	fr.
Bateaux et paquebots à vapeur pour le transport des marchandises (entreprise de).	200
Bateaux à vapeurs remorqueurs (entreprise de).	150
Canaux navigables avec péage (concessionnaire de).	200
Plus 20 fr. par myriamètre complet, en sus du premier, jusqu'au maximum de 1,000 fr.	
Coches d'eau (entreprise de).	100
Défrichement ou dessèchement (compagnie de).	300
Fournisseurs généraux :	
D'objets concernant l'habillement, l'armement, la remonte, le harnachement et l'équipement des troupes, etc	1,000
De subsistances aux armées	1,000
De bois et lumière aux troupes	1,000
Fournisseur des objets ci-dessus indiqués; par division militaire.	150
Fournisseur de fourrages aux troupes dans les garnisons.	100
Fournisseur de vivres et fourrages dans un gîte d'étape.	25
Fournisseur de bois et de lumière aux troupes dans les garnisons.	25
Magasin de plusieurs espèces de marchandises (tenant un), lorsqu'il occupe habituellement au moins vingt-cinq personnes préposées à la vente.	300
Marchand forain :	
Avec voiture à un seul collier.	60
A deux colliers.	120
A trois colliers et au-dessus ou ayant plus d'une voiture.	200
Avec bête de somme.	40
Avec balle.	15
(Les droits ci-dessus sont réduits de moitié lorsque le marchand forain ne vend que de la boissellerie, de la poterie, de la vannerie ou des balais).	
Tontine (société de).	300

DEUXIÈME PARTIE.

Droit proportionnel au 20e :

1° Sur la maison d'habitation;

2° Sur les magasins de vente complètement séparés de l'établissement ;

3° Sur l'établissement industriel, au 25e.

Aiguilles à coudre ou à faire des bas par procédés ordinaires (fabricant d'), pour son compte.	25
Amidon (fabrique d') :	
Ayant dix ouvriers et au-dessous.	25
Et 3 fr. par chaque ouvrier en sus, jusqu'au maximum de 200 fr.	
Ardoisières (exploitant d').	
Ayant dix ouvriers et au-dessous.	25
Et 3 fr. par chaque ouvrier en sus, jusqu'au maximum de 400 fr.	
Blanc de baleine (raffinerie de) :	
Ayant cinq ouvriers et au-dessous.	25
Et 3 fr. par chaque ouvrier en sus, jusqu'au maximum de 200 fr.	
Bougies, cierges, etc., (fabrique de) :	
Ayant cinq ouvriers et au-dessous.	25

	fr.
Et 3 fr. par chaque ouvrier en sus, jusqu'au maximum de 300 fr.	
Brais, goudrons, poix, résines et autres matières analogues (fabrique de).	25
Briques (fabrique de) :	
Ayant cinq ouvriers et au-dessous.	15
Et 2 fr. par chaque ouvrier en sus, jusqu'au maximum de 100 fr.	
Café de chicorée (fabrique de).	50
Capsules ou amorces de chasse (fabricant de).	50
Cendres gravelées (fabrique de).	25
Chandelles (fabrique de) :	
Ayant cinq ouvriers et au-dessous.	10
Et 3 fr. par chaque ouvrier en sus, jusqu'au maximum de 100 fr.	
Chaux naturelle (fabrique de) :	
Pour un four.	15
Pour deux.	30
Et pour trois fours et au-dessus.	50
Chaux artificielle (fabrique de) :	
Pour un four.	20
Pour deux.	50
Et pour trois fours et au-dessus.	80
Cire (blanchisserie de) :	
Ayant cinq ouvriers et au-dessous.	25
Et 3 fr. par chaque ouvrier en sus, jusqu'au maximum de 200 fr.	
Colle-forte (fabrique de) :	
Ayant cinq ouvriers et au-dessous.	25
Et 3 fr. par chaque ouvrier en sus, jusqu'au maximum de 100 fr.	
Crayons (fabrique de) :	
Ayant cinq ouvriers et au-dessous.	25
Et 3 fr. par chaque ouvrier en sus, jusqu'au maximum de 300 fr.	
Creusets (fabrique de).	25
Encre d'impression (fabricant d') :	
Ayant cinq ouvriers et au-dessous.	25
Et 3 fr. par chaque ouvrier en sus, jusqu'au maximum de 200 fr.	
Engrais (marchand d').	25
Esprit ou eau-de-vie de vin (fabrique d').	50
Esprit ou eau-de-vie de marc de raisin, cidre, poire, fécules et autres substances analogues (fabrique d').	25
Etain (fabrique d') pour glaces :	
Ayant dix ouvriers et au-dessous.	50
Et 3 fr. par chaque ouvrier, jusqu'au maximum de 300 fr.	
Fécules de pommes de terre (fabrique de) :	
Ayant dix ouvriers et au-dessous.	25
Et 3 fr. par chaque ouvrier, jusqu'au maximum de 200 fr.	
Fontainier, fondeur et foreur de puits artésiens.	50
Formes à sucre (fabrique de) :	
25 fr. pour cinq ouvriers et au-dessous, et 3 fr. par chaque ouvrier en sus, jusqu'au maximum de 100 fr.	
Gélatine (fabrique de) :	
Ayant cinq ouvriers et au-dessous.	25
Et 3 fr. par chaque ouvrier, jusqu'au maximum de 200 fr.	
Glacières (maître de).	50
Mastics et cimens (fabrique de).	50
Noir animal (fabrique de).	50

	fr
Pâte alimentaire (fabrique de) :	
Ayant cinq ouvriers et au-dessous.	25
Et 3 fr. par chaque ouvrier, jusqu'au maximum de 200 fr.	
Pierres à feu (fabricant, expéditeur de).	25
Pipes (fabrique de), 25 fr. par four, jusqu'au maximum de 150 fr.	
Plâtre (fabrique de) :	
Pour un four.	15
Pour deux fours.	30
Pour trois fours et au-dessus.	50
Pointes (fabrique de), par procédés ordinaires :	
Ayant dix ouvriers et au-dessous.	25
Plus 3 fr. par chaque ouvrier en sus, jusqu'au maximum de 300 fr.	
Poterie (fabrique de) : 3 fr. par chaque ouvrier, jusqu'au maximum de 300 fr.	
Réglisse (fabrique de) :	
Ayant cinq ouvriers et au-dessous.	25
Et 3 fr. par chaque ouvrier en sus, jusqu'au maximum de 200 fr.	
Savon (fabrique de) :	
30 fr. pour une ou plusieurs chaudières ayant une capacité minimum de 30 hectolitres.	
1 fr. en plus par chaque hectolitre excédant le chiffre de 30, jusqu'au maximum de 400 fr.	
Sel (raffinerie de).	100
Suif (fondeur de) :	
Ayant cinq ouvriers et au-dessous.	10
Et 3 fr. par chaque ouvrier en sus, jusqu'au maximum de 100 fr.	
Taffetas gommés ou cirés (fabricant de).	50
Tapis peints ou vernis (fabricant de).	50
Toiles cirées ou vernies (fabricant de).	50
Tourbes carbonisées (fabrique de).	25
Tuiles (fabrique de) :	
Ayant cinq ouvriers et au-dessous.	15
Et 2 fr. par chaque ouvrier en sus, jusqu'au maximum de 100 fr.	

TROISIÈME PARTIE.

Droit proportionnel au 20e.

1° Sur la maison d'habitation;

2° Sur les magasins de vente complétement séparés de l'établissement ;

3° Sur l'établissement industriel, au 40e.

Acier fondu ou acier de cémentation (fabrique de) :	
Ayant trois ouvriers et au-dessous.	15
Et 3 fr. par chaque ouvrier en sus, jusqu'au maximum de 300 fr.	
(Ce droit sera réduit de moitié pour les fabriques qui sont forcées de chômer, soit par crue ou par manque d'eau, pendant une partie de l'année équivalente au moins à quatre mois.)	
Acier naturel (fabrique d') imposable comme les forges et hauts fourneaux.	
Agrafes (fabriques d') par procédés mécaniques.	50
Aiguilles à coudre ou à tricoter, ou pour métiers à faire des bas par procédés mécaniques (manufacture d') :	
Ayant cinq ouvriers et au-dessous.	25

	fr.
Plus 3 fr. par chaque ouvrier en sus, jusqu'au minimum de 300 fr.	
Armes blanches (fabrique d').	100
Armes (manufacture d') de guerre.	400
Biscuit de mer (fabrique de).	50
Blanchisserie de toiles et fils pour le commerce, par procédés mécaniques :	
Ayant cinq ouvriers et au-dessous.	25
Et 3 fr. par chaque ouvrier en sus, jusqu'au maximum de 300 fr.	
Boccard, patouillet ou lavoir de minerais :	
Pour chaque usine.	15
Jusqu'au maximum de 100 fr.	
(Ce droit sera réduit de moitié pour les boccards, patouillets ou lavoirs qui sont forcés de chômer, par crue ou par manque d'eau, pendant une partie de l'année équivalente au moins à quatre mois).	
Brasserie :	
Pour chaque chaudière contenant moins de 10 hectolitres.	10
Pour chaque chaudière de 10 à 20 hectolitres.	20
Pour chaque chaudière de 20 à 30 hectolitres.	30
Pour chaque chaudière de 30 à 40 hectolitres.	40
Pour chaque chaudière de 40 à 60 hectolitres.	60
Pour chaque chaudière au-dessus de 60 hectolitres. jusqu'au maximum de 400 fr.	100
(Ce droit sera réduit de moitié pour les brasseries qui ne brassent que quatre fois au plus par an).	
Cartonnage (fabrique de) : 30 fr. par cuve, jusqu'au maximum de 150 fr.	
(Ce droit sera réduit de moitié pour les fabriques qui sont forcées de chômer, par manque ou par crue d'eau, pendant une partie de l'année équivalente au moins à quatre mois).	
Chaudronnerie pour les appareils à vapeur, à distiller, concentrer, etc. (fabrique de).	200
Chemin de fer avec péage (concessionnaire de).	200
Plus 20 fr. par miriamètre en sus du premier, jusqu'au maximum de 1,000 fr.	
Clous et pointes (fabrique de), par procédés mécaniques :	
Pour dix métiers et au-dessous.	50
Plus 5 fr. pour chaque métier en sus de dix, jusqu'au maximum de 400 fr.	
Convois militaires (entreprise générale des).	1,000
Convois militaires (entreprise particulière des), pour une division militaire.	100
Convois militaires (entreprise particulière pour gîtes d'étapes).	25
Cocons (filerie de), 1 fr. 50 c. par bassine ou tour, jusqu'au maximum de 400 fr.	
Cristaux (manufacture de).	300
Diligences partant à jours et heures fixes (entrepreneur de), parcourant une distance de deux myriamètres et au-dessus.	25
Pour chaque myriamètre complet en sus des deux premiers, 5 fr., jusqu'au maximum de 1,000 fr.	
Eaux minérales et thermales (exploitation d').	150

Enclumes, essieux et gros étaux (manufacture d') :
Par feu, | 25
jusqu'au maximum de 150 fr.

Épingles (manufacture d'), par procédés mécaniques :
Ayant dix ouvriers et au-dessous. | 25
Plus 3 fr. par chaque ouvrier en sus, jusqu'au maximum de 300 fr.

Faïence (manufacture de) :
Par four, | 25
jusqu'au maximum de 150 fr.

Faux et faucilles (fabrique de) :
Dix ouvriers et au-dessous. | 25
Et 3 fr. par chaque ouvrier en sus de ce nombre, jusqu'au maximum de 300 fr.

Ferblanc (fabrique de) :
Jusqu'à vingt ouvriers. | 100
Plus 3 fr. par chaque ouvrier en sus, jusqu'au maximum de 400 fr.

Ferronnerie, serrurerie et clous forgés (fabricant de) :
Ayant dix ouvriers et au-dessous. | 25
Et 3 fr. par chaque ouvrier en sus, jusqu'au maximum de 300 fr.

Forges et hauts-fourneaux (maîtres de) :	
Ayant au moins trois hauts-fourneaux au coke.	500
Plusieurs hauts-fourneaux au coke, avec fonderies, forges et laminoirs.	500
Deux hauts-fourneaux au coke.	400
Forges et hauts-fourneaux (maître de) :	
Un haut-fourneau au coke, avec forges et laminoirs.	400
Un haut-fourneau au coke, avec une fonderie.	300
Un haut-fourneau au coke.	250
Trois hauts-fourneaux au bois et plus.	400
Un établissement ou un ensemble d'établissement réunissant à plus de quatre feux d'affinerie ou quatre fours à pudier une fabrication de tôle, ou deux autres systèmes au moins de sous-fabrication de métaux, soit fonderie, tréfilerie, ferblanterie, métiers à clous à pointe.	400
Un haut fourneau au bois, avec plusieurs forges, ou deux hauts fourneaux au bois, avec une seule forge.	300
Plus de deux hauts-fourneaux au bois avec une ou plusieurs forges.	400
Deux hauts fourneaux au bois.	250
Un haut-fourneau au bois, avec une fonderie.	250
Un haut-fourneau au bois, avec une forge.	200
Une ou plusieurs forges, avec laminoirs, tréfilerie, et tout autre système de sous-fabrication métallurgique.	200
Un haut-fourneau au bois.	150
Une forge à trois marteaux et plus.	100
Forges et hauts-fourneaux (maître de):	
Trois forges à la catalane et plus.	100
Une forge où l'action des marteaux est remplacée par celle d'un laminoir cingleur.	100
Une forge à deux marteaux.	50
Deux forges à la catalane.	50
Une forge à un seul marteau.	25
Une forge dite catalane.	25

	fr.
(Ces droits seront réduits de moitié pour les forges catalanes et pour les forges à un ou deux marteaux, lorsqu'elles seront forcées, par manque ou par crue d'eau, de chômer pendant une partie de l'année équivalente au moins à quatre mois).	
Fonderie de cuivre (entrepreneur de) :	
Ayant plusieurs laminoirs.	300
Un laminoir ou plusieurs martinets.	200
Se bornant à convertir le cuivre rouge en cuivre jaune.	100
Fonderie de cuivre et bronze (entrepreneur de)	
Fondant des objets de grande dimension, tels que cylindres ou rouleaux d'impression pour les manufactures, ou grandes pièces de mécanique, etc.	200
Ne fondant que des objets d'art ou d'ornementation, ou des pièces de mécanique de petite dimension.	100
Ne fondant que des objets d'un usage commun et de petite dimension, comme robinets, clochettes, anneaux, etc.	50
Fonderie en fer de seconde fusion (entrepreneur de) :	
Fabricant des objets de grande dimension, tels que cylindres, grilles, colonnes, pilastres, bornes et grandes pièces de mécanique, etc.	200
Ne fabriquant que des objets de petite dimension pour l'ornementation, ou de petites pièces de mécanique.	100
Glaces (manufacture de).	00
Gobeleterie (manufacture de) : 50 fr. par four de fusion, jusqu'au maximum de 300 fr.	
Huîtres (marchand-expéditeur d'), avec voitures servies par des relais.	100
Kaolin (exploitant une usine à pulvériser le) :	
Par chaque usine, jusqu'au maximum de 100 fr.	15
(Ce droit sera réduit de moitié pour les usines qui sont forcées, par manque ou par crue d'eau, de chômer pendant une partie de l'année équivalente au moins à quatre mois).	
Laminerie (entrepreneur de) :	
Ayant trois paires de cylindres et au-dessus.	300
Ayant deux paires de cylindres de grande dimension.	250
Ayant une seule paire de cylindres de grande dimension ou deux paires de cylindres de petite dimension, au-dessous d'un mètre de longueur.	200
Ayant une seule paire de cylindres de petite dimension au-dessous d'un mètre de longueur.	100
Lamier-rotier par procédés mécaniques.	50
Limes (fabrique de) :	
Ayant dix ouvriers et au-dessous.	25
3 fr. pour chaque ouvrier en sus, jusqu'au maximum de 300 fr.	
Lits militaires (entreprise générale des).	1,000
Mareyeur, expéditeur avec voitures servies par des relais.	100
Maison particulière de santé (tenant une).	100
Maroquin (fabrique de), avec machine à vapeur ou moteur hydraulique.	100
Martinets, par arbre de camage, jusqu'au maximum de 200 fr.	15

	fr.
(Ce droit sera réduit de moitié pour les fabriques qui sont forcées, par manque ou par crue d'eau, de chômer pendant une partie de l'année équivalente au moins à quatre mois).	
Moulin à blé, à huile, à garance, à tan, etc.	
6 fr. pour une seule paire de meules ou de cylindres.	
15 fr. pour deux paires de meules ou de cylindres.	
25 fr. pour trois paires de meules ou de cylindres.	
40 fr. pour quatre paires de meules ou de cylindres.	
Et 20 fr. par paire de meules ou de cylindres en sus, jusqu'au maximum de 300 fr.	
(Ce droit sera réduit de moitié pour les moulins à vent et pour les moulins à eau, qui, par manque ou par crue d'eau, sont forcés de chômer pendant une partie de l'année équivalente au moins à quatre mois).	
Moulinier en soie :	
Par 100 tavelles, jusqu'au maximum de 200 fr.	10
Orthopédie (tenant un établissement d').	100
Papeterie à la cuve :	
Par cuve, jusqu'au maximum de 100 fr.	15
(Ce droit sera réduit de moitié pour les papeteries à la cuve qui sont forcées, par manque ou par crue d'eau, de chômer pendant une partie de l'année équivalente au moins à quatre mois).	
Papeterie à la mécanique :	
La première machine.	150
Plus 50 fr. par machine, jusqu'au maximum de 400 fr.	
Papiers peints pour tenture (fabrique de) :	
Pour 15 tables et au-dessous.	40
Et 3 fr. par table en sus, jusqu'au maximum de 300 fr.	
Un cylindre sera compté pour 25 tables.	
Porcelaines (manufacture de) :	
30 fr par four jusqu'au maximum de 300 fr.	
Produits chimiques (manufacture de) :	
Ayant cinq ouvriers et au-dessous.	25
Et 3 fr. par chaque ouvrier en sus, jusqu'au maximum de 300 fr.	
Quincaillerie (fabrique de) :	
Ayant dix ouvriers et au-dessous.	25
Plus 3 fr. par chaque ouvrier en sus, jusqu'au maximum de 300 fr.	
Scierie mécanique :	
Par chaque cadre, jusqu'au maximum de 150 fr.	5
(Ce droit sera réduit de moitié pour les fabriques qui sont forcées, par manque ou par crue d'eau, de chômer pendant au mois quatre mois de l'année).	
Scies (fabrique de) :	
Ayant dix ouvriers et au-dessous.	25
Plus 3 fr. par ouvrier en sus, jusqu'au maximum de 300 fr.	
Sucre (raffinerie de).	300
Sucre de betterave (fabrique de) :	
Pour chaque chaudière à déféquer contenant moins de 10 hectolitres.	40

Pour chaque chaudière à déféquer, contenant 10 hectolitres et au-dessus. fr. 60

Jusqu'au maximum de 400 fr.

Tannerie de cuirs forts et mous, par mètre cube de fosse ou de cuve, 25 centimes, jusqu'au maximum de 300 fr.

Teinturier pour les fabricans et les marchands, 3 fr. par ouvrier, jusqu'au maximum de 300 fr.

Transport de la guerre (entreprise générale du). 1,000

Transport de la guerre (entreprise particulière de), pour une division militaire. 100

Transport de la guerre (entreprise particulière pour gîtes d'étapes). 25

Transports militaires (entreprise générale des) 1,000

Transports des tabacs (entreprise générale de). 1,000

Tréfilerie en fer ou laiton :

10 bobines et au-dessous. 25

20 bobines. 50

Et 4 fr. par chaque bobine en gros numéro, et 1 fr. par bobine d'un numéro fin, jusqu'au maximum de 400 fr.

Verrerie, 50 fr. par four de fusion, jusqu'au maximum de 300 fr.

Vis (manufacture de), par procédés mécaniques :

Ayant dix ouvriers et au-dessous. 25

Plus 3 fr. par chaque ouvrier en sus, jusqu'au maximum de 300 fr.

QUATRIÈME PARTIE.

Droit proportionnel :

Au 20e : 1° sur la maison d'habitation :

2° sur les magasins de vente complètement séparés de l'établissement.

Au 50e : sur l'établissement industriel.

Apprêteur d'étoffes pour les fabriques :

Ayant cinq ouvriers et au-dessous. 25

Et 3 fr. par ouvrier en sus, jusqu'au maximum de 150 fr.

Cardes (manufacture de) par procédés mécaniques. 200

Filature de laine, de chanvre ou de lin, au-dessous de 500 broches. 15

(Non compris les métiers préparatoires).

Par chaque centaine de broches au-dessus de 500. 3

jusqu'au maximum de 400 fr.

Filature de coton au-dessous de 500 broches. 10

(Non compris les métiers préparatoires).

Pour chaque centaine de broches au-dessus de 500, 1 fr. 50 jusqu'au maximum de 400 fr.

Fil de coton, chanvre, lin (fabrique de) : Pour un ou deux moulins 15 fr.; plus 10 fr. par chaque moulin en sus, jusqu'au maximum de 400 fr.

Imprimeur d'étoffes :

Pour 25 tables et au-dessous. 50

Plus 3 fr. par table en sus, jusqu'au maximum de 400 fr.

Un rouleau comptera pour 25 tables, et 4 pérotines pour un rouleau.

	fr.
Machines à vapeur. Presses pour l'imprimerie, métiers mécaniques pour la filature et pour le tissage, et autres grandes machines (constructeur de) :	
Employant moins de 25 ouvriers.	100
De 25 à 50 ouvriers.	200
Plus de 50 ouvriers.	300
Métiers (fabrique à). Pour les métiers réunis dans un corps de fabrique :	
Jusqu'à 5 métiers.	10
Et 2 fr. 50 c. en sus par métier, jusqu'au maximum de 400 fr.	
Pour les métiers non réunis dans un corps de fabrique : 2 fr. 50 c. par chaque métier, jusqu'au maximum de 300 fr.	
(Ces droits seront réduits de moitié pour les fabricans à façon).	
Tissage mécanique, par chaque métier, 2 fr. 50 c., jusqu'au maximum de 400 fr.	

CINQUIÈME PARTIE.

Droit proportionnel au 15e sur la maison d'habitation seulement.

Carrières souterraines ou à ciel ouvert (exploitant de), ayant moins de dix ouvriers.	25
Plus 3 fr. par chaque ouvrier en sus, jusqu'au maximum de 200 fr.	
Cendres noires (extracteur de), ayant moins de dix ouvriers.	25
Plus 3 fr. par chaque ouvrier en sus, jusqu'au maximum de 200 fr.	
Chaussées et routes (entrepreneur de l'entretien des).	25
Dessèchement (entrepreneur de travaux de).	50
Dragueur-entrepreneur.	50
Fabrication dans les prisons, etc. (entrepreneur de), pour un atelier de vingt-cinq détenus et au-dessous.	25
Par chaque détenu en sus, 50 c., jusqu'au maximum de 500 fr.	
Fabrication dans les dépôts de mendicité (entrepreneur de), moitié du droit ci-dessus fixé pour les entrepreneurs de fabrication dans les prisons.	
Fournisseur général dans les prisons et dépôts de mendicité :	
A forfait et par tête de détenu, pour une population de trois cents détenus et au-dessous.	150
Par cent détenus en sus, 25 fr., jusqu'au maximum de 500 fr.	
Flottage (entrepreneur de).	25
Fruits sur bateaux (marchand de).	50
Gare (entrepreneur de)	100
Madragues (fermier de).	25
Minières non concessibles (exploitant de), ayant moins de dix ouvriers.	25
Plus 3 fr. par chaque ouvrier en sus, jusqu'au maximum de 200 fr.	
Restaurateurs sur coches et bateaux à vapeur.	50
Spectacle (directeur de) :	
1° Le quart d'une représentation complète dans les théâtres où l'on joue tous les jours ;	
2° Le huitième si l'on ne joue pas tous les jours, et si la troupe est sédentaire ;	

3° Si la troupe n'est pas sédentaire, c'est-à-dire si elle ne réside pas quatre mois consécutifs dans la même ville. fr. 50

Tourbières (exploitant de), ayant moins de dix ouvriers. 25

Plus 3 fr. par chaque ouvrier en sus, jusqu'au maximum de 200 fr.

Travaux publics (entrepreneur de). 50

§ XXI. — *Tableau* D.

123. EXCEPTIONS A LA RÈGLE GÉNÉRALE, QUI FIXE LE DROIT PROPORTIONNEL AU 20e DE LA VALEUR LOCATIVE.

Le droit proportionnel est fixé au 15e :

1° Pour les patentables compris dans la première classe du tableau A;
2° Pour les patentables compris dans le tableau B;
3° Pour les patentables compris dans la première partie du tableau C.

Il est également fixé au 15e, mais sur la maison d'habitation seulement, pour les patentables compris dans la cinquième partie du tableau C.

Le droit proportionnel est fixé au 25e de la valeur locative des établissemens industriels compris dans la deuxième partie du tableau C.

Au 30e de la valeur locative des locaux servant à l'exercice des professions ci-après désignées :

1° Marchands de bois en gros compris dans la première classe du tableau A,
2° Marchands de charbon de bois et de charbon de terre, compris dans la première et la deuxième classes du tableau A.
3° Marchands de vin en gros.
4° Commissionnaires entrepositaires de vins.
5° Marchands d'huiles en gros.

Au 40e de la valeur locative : 1° De tous les locaux occupés par les patentables des septième et huitième classes du tableau A, mais seulement dans les communes d'une population de 20,000 âmes et au-dessus; 2° des établissemens industriels compris dans la troisième partie du tableau C; 3° des locaux servant à l'exercice des professions ci-après désignées :

1° Fabricant de gaz pour l'éclairage.
2° Imprimeurs-typographes employant des presses mécaniques.
3° Maîtres d'hôtel garni.
4° Loueurs en garni.
5° Individus tenant des maisons particulières :
6° — d'accouchement;
7° — de santé;
8° — de retraite;
9° — des établissemens d'orthopédie.
10° Magasiniers.
11° Entrepreneurs de roulage;
12° — de bains publics;
13° — de bains de rivière en pleine eau.
14° Maîtres de jeu de paume.
15° Individus tenant un manége d'équitation;
16° — une école de natation;
17° — un jardin public;
18° — un parc à charrettes.

Au 50e de la valeur locative des établissemens industriels compris dans la quatrième partie du tableau C.

Paient le droit proportionnel au 20e, sur les maisons d'habitation seulement :

1° Les concessionnaires, exploitans ou fermiers des droits d'emmagasinage dans un entrepôt.
2° Les adjudicataires ou fermiers des droits de halles ou marchés.
3° Les adjudicataires des droits de jaugeage des liquides.
4° Les fermiers des droits de pesage et de mesurage.
5° Les fournisseurs d'objets de consommation, dans les cercles ou sociétés.
6° Les directeurs de Diorama, Panorama, Géorama, Néorama.
7° Les fermiers de fontaines publiques.
8° Les adjudicataires des droits d'octroi.
9° Les concessionnaires, exploitans ou fermiers de péage sur un pont.
10° Les fermiers de bacs.
11° Les concessionnaires ou fermiers d'abattoir public.

Les directeurs des monnaies sont exempts de tout droit proportionnel.

Le sont également les patentables des septième et huitième classes, résidant dans les communes d'une population inférieure à 20,000 âmes.

Et les fabricans à métiers, ayant moins de dix métiers, et ne travaillant qu'à façon.

Nota. Les dépenses pour subvenir aux frais des Bourses, Chambres et Tribunaux de Commerce sont supportées et réparties : 1° sur les trois premières classes de la nomenclature générale, § XXII; 2° sur les patentables imposés hors classe d'après la population, § XIX ; 3° sur les patentables imposés hors classe, sans égard à la population, § XX. (Loi du 25 avril 1844, art. 53).

§ XXII. — *Nomenclature générale des patentables.*

124 A.

	Classes.
Abattoir public (commissionnaire ou fermier).	2
Acier fondu ou acier de cimentation (fabrique d'), voir le tableau C, troisième partie.	
Acier naturel (fabrique d'), voir le tableau C, troisième partie.	
Acier poli (fabricant d'objets pour son compte).	5
Acier poli (fabricant d'), à façon.	7
Accordeur de harpes, pianos et autres instrumens.	7
Accoutreur.	8
Acheveur (en métaux).	7
Accouchemens (chef de maison).	5
Affineurs d'or ou de platine.	3
Affineurs de métaux autres que l'or, l'argent ou la platine.	5
Affiloirs (maître d').	8
Affiches (entrepreneur de la pose et de la conservation des).	6
Agarie (maître de).	6
Agence ou bureau d'affaires (directeur d').	4
Agens dramatiques.	6
Agent de change (tableau B).	
Agrafes (fabriques de) par procédés mécaniques, voir le tableau C, troisième partie.	
Agrafes (fabricant d'), par procédé ordinaire, pour son compte.	5
Agrafes (fabricant ou marchand d'), par procédé ordinaire, à la façon.	8
Aiguilles à coudre ou à faire des bas, par procédé ordinaire (fabricant d'), pour son compte. (Voir le tableau C, deuxième partie).	

Classes.

Aiguilles à coudre ou à faire des bas (manufacture, fabricant d') par procédé mécanique). Voir le tableau C, troisième partie.

Aiguilles à coudre ou à faire des bas (marchand en gros). 1

Aiguilles à coudre ou à faire des bas (marchand en demi-gros). 2

Aiguilles à coudre ou à faire des bas (marchand en détail). 4

Aiguilles pour les métiers à faire des bas (monteur d'). 8

Aiguilles, clés de montre et autres petits objets (fabricant d'), pour son compte. 6

Aiguilles, clés de montre et autres petits objets (fabricant d'), à la façon. 8

Aiguilles à coudre ou à faire des bas, par procédé ordinaire (fabricant d'), à façon. 8

Alambics ou autres grands vaisseaux en cuivre (fabricant ou marchand d'). 4

Albâtre (fabricant ou marchand d'objets d'). 5

Allumettes chimiques (fabricant ou marchand d'). 6

Allumettes et amadou (fabricant et marchand d'). 8

Alléges (marchand d'). 7

Almanach ou annuaire (éditeur). 5

Alvin (marchand d'). 7

Amidon (fabrique d'). Voir le tableau C, deuxième partie.

Anatomie (fabricant de pièces d'). 6

Anatomie (tenant un cabinet d'). 6

Anchois (saleurs d'). 4

Annonces et avis divers (entrepreneur d'insersions d'). 6

Anes (marchand d'). 6

Anes (loueur d'). 7

Apparaux (maître d'). 4

Appaux (pour la chasse). 8

Appareils et ustensiles pour l'éclairage au gaz (fabricant d'). 5

Appréciateur d'objets d'art. 5

Apprêteur de chapeaux de paille. 5

Apprêteur de chapeaux de feutre. 8

Classes.

Apprêteur d'étoffes pour les particuliers. 5

Apprêteur de peaux. 6

Apprêteur de plumes, laines, duvet et autres objets de litterie. 6

Apprêteur de barbes ou fanons de baleine. 7

Apprêteur de bas et autres objets de bonneterie. 7

Approprieur de chapeaux. 8

Apprêteur d'étoffes pour fabrique, ayant ouvriers. Voir le tableau C, quatrième partie.

Appréciateur au mont-de-piété. 4

Arçonneur. 8

Ardoisière (exploitant une). Voir le tableau C, première partie.

Ardoises, marchand en gros qui expédie par bateaux ou voitures. 3

Ardoises, marchand qui vend par milliers aux maçons et aux entrepreneurs. 6

Archets (fabricant d'). 7

Armurier. 5

Armurier à façon. 7

Armurier rhabilleur. 7

Armes blanches (fabrique d'). Voir le tableau C, troisième partie.

Armes de guerre (manufacture d'). Voir le tableau C, troisième partie.

Armateur pour le long-cours. Voir le tableau C, première partie.

Armateur pour le grand et petit cabotage. Voir le tableau C, première partie.

Arrosage (entreprise particulière). 6

Arrimeur. 6

Arpenteur. 7

Artiste en cheveux. 8

Artificier. 6

Assurances non mutuelles. Voir le tableau C, première partie. 4

Assembleur. 5

Attelles pour colliers de bêtes de trait (fabricant ou marchand d'). 8

Aubergiste ne logeant qu'à cheval. 7

Aubergiste. 7

Avironnier. 8

125

B.

Bacs (fermier de), pour une ferme de 1,000 fr. et au-dessus. 4

Bacs (fermier de), pour une ferme au-dessous de 1,000 fr. 6

	Classes.
Badigeonneur.	7
Baies de genièvre (marchand de).	6
Bains publics (entrepreneur de).	5
Bains de rivière en pleine eau (entrepreneur de).	6
Baleine (marchand de brins de).	4
Balanciers (marchand de).	5
Balanciers (marchand de), pour son compte.	6
Balanciers (marchand de), à façon.	7
Balançons (marchand de).	6
Bals publics (entrepreneur de).	5
Balayage (entreprise particulière).	6
Balais de boulaux, bruyères, millets, avec bêtes de somme ou voitures.	8
Ballons pour lampes (fabricant de), pour son compte.	7
Ballons pour lampes (fabricant de), à façon.	8
Bandagiste.	6
Bandagiste, à façon.	7
Banque de France. Voir le tableau C, première partie.	
Banque départementale. Voir le tableau C, première partie.	
Banquier. Voir le tableau B.	
Barbier.	8
Bardaux (marchand de).	6
Bardaux (fabricant de), pour son compte.	7
Bardaux (fabricant de), à façon.	8
Baromètres (fabricant-marchand).	6
Barques, bateaux et canots (constructeur de).	6
Bas et bonneterie (marchand en gros de).	1
Bas et bonneterie (marchand en demi-gros de).	2
Bas et bonneterie (marchand en détail de).	4
Bâtimens (entrepreneur de).	3
Batelier.	8
Bataux à vapeur pour transport de voyageurs. Voir le tableau C, première partie.	
Bateaux à vapeur pour transport de marchandises. Voir le tableau C, première partie.	
Bateaux à vapeur remorqueurs (entreprise de). Voir le tableau C, première partie.	

	Classes.
Bateaux à laver (exploitant de).	6
Battendier.	6
Batteur de bois de teinture.	6
Batteur de corses.	6
Batteur de graines de trèfle.	6
Batteur d'or et d'argent.	6
Battoirs de pommes (fabricant de).	7
Battier.	7
Bâtonnier.	8
Baugeurs.	7
Baudetier.	8
Bazard, tenant voiture.	3
Beurre (marchand en gros de).	1
Beurre salé (marchand en détail).	6
Bière (marchand en détail).	6
Bijoutier (marchand-fabricant), ayant atelier.	2
Bijoutier (marchand), n'ayant pas d'atelier.	3
Bijoutier, fabricant pour son compte, sans magasin.	5
Bijoutier, fabricant à façon.	7
Bijoux en faux (marchand de).	5
Bijoutier en faux, fabricant pour son compte.	6
Bijoutier en faux (marchand), fabricant à façon.	7
Billards (fabricant de).	3
Billards (fabricant de), sans magasin.	6
Bimbelotier (marchand en gros).	3
Bimbelotier (fabricant d'objets), sans boutique ni magasin.	7
Bimbelotier (marchand en détail).	7
Biscuits de mer (fabrique de). Voir le tableau C, troisième partie.	
Blanc de baleine (raffinerie de). Voir le tableau C, deuxième partie.	
Blanc de craie (fabricant-marchand de).	6
Blanchisseur de toile de fil, pour les particuliers.	5
Blanchisseur de chapeaux de paille.	7
Blanchisseur de fin.	7
Blanchisseur de linge, ayant un établissement de buanderie.	8
Blanchisseur sur pré.	7
Blanchisseur de linge sans établissement ni buanderie.	8
Blanchisserie de toiles et fils pour le commerce, par procédés mé-	

	Classes.
caniques. Voir le tableau C, troisième partie.	
Blatier, avec voiture.	1
Blatier, avec bêtes de somme.	6
Blondes (marchand en gros de).	3
Blondes (marchand en demi-gros).	2
Blondes (marchand en détail de).	4
Blutaux ou blutoir (fabricant-marchand de).	6
Bobines pour manufactures (fabricant de).	8
Bocard, patouille ou lavoir de minerai. Voir le tableau C, troisième partie.	
Boîtes et bijoux à musique (fabricant et marchand de).	5
Boîtes et bijoux à musique (fabricant de mécaniques de), à façon.	7
Bois à brûler (marchand de), vendant par voiture au domicile des consommateurs.	5
Bois à brûler (marchand en gros de), en chantiers, ou magasins, ou au stère.	1
Bois à brûler (marchand de), sur bateau, sur les ports ou au stère, soit au-dessus, soit au-dessous.	2
Bois à brûler (marchand de), à la falourde, au fagot ou au coterets.	8
Bois de construction pour la marine (marchand de).	1
Bois merrain (marchand en gros de), s'il vend par bateau ou à la charrette.	1
Bois merrain (marchand de), s'il ne vend qu'aux tonneliers ou aux particuliers.	3
Bois de sciage (marchand de), ne vendant qu'aux menuisiers ou aux particuliers.	3
Bois de sciage (marchand de), en gros.	1
Bois de teinture (marchand de), en demi-gros.	2
Bois de teinture (marchand de), au détail.	4
Bois d'ébénisterie (marchand de).	3
Bois en grume ou en charonnage (marchand de).	3
Bois de bateaux (marchand de).	5
Bois de boissellerie (marchand de).	5
Bois de volige (marchand de).	5

	Classes.
Bois de feuillards (marchand de).	5
Bois de galoches et de socques (faiseur de).	8
Boisseleur (marchand en gros).	4
Boisseleur (marchand en détail).	6
Boisseleur (fabricant à façon).	8
Boisseleur.	7
Boisselier.	6
Boiserie (marchand de vieille).	6
Bombagiste.	6
Bombeur de verres.	6
Boules à teinture (fabricant de).	4
Boules vulnéraires, dites d'acier ou de Nancy.	7
Bonneterie (fabricant de), pour son compte.	5
Bonneterie (fabricant de), à façon.	7
Bougies, cierges. Voir le tableau C, deuxième partie.	
Bougies (marchand de).	5
Boulanger.	5
Bœufs (marchand de).	3
Boucher en détail.	5
Boucher (marchand).	4
Bouchons (marchand de), en gros.	3
Bouchons à flacons (ajusteur de).	8
Bouchonnier.	6
Bouchons (marchand de), en détail.	6
Boues (entreprise particulière de l'enlèvement des).	6
Bouilleur ou brûleur d'eau-de-vie.	6
Bouillon et bœuf cuit (marchand de).	6
Bourre de soie (marchand de).	6
Bourrelier.	6
Bouquetière (marchand en boutique).	7
Bouquiniste.	7
Bourrelets d'enfant (fabricant marchand de).	7
Boursier.	7
Bouteilles de verres (marchand de).	5
Boutons de métal, cornes, cuirs bouillis (fabricant pour son compte).	5
Boutons de métal, cornes, cuirs bouillis (fabricant à façon).	8
Boutons de soie (fabricant pour son compte).	7
Boutons de soie (fabricant à façon).	8
Boyaudier.	6
Brai, goudron, poix et résine, en	

Classes.

fabrique. Voir le tableau C, deuxième partie.

Brasserie. Voir le tableau C, troisième partie.

Brasseur (à façon). 6

Bretelles et jarretières (fabricant pour son compte). 6

Bretelles et jarretières (fabricant à façon). 8

Bretelles et jarretières (marchand de). 6

Brioleur. 8

Briquets phosphoriques. 7

Briquets phosphoriques et autres, (fabricant à façon). 6

Briques (fabricant de). Tableau C, deuxième partie.

Briques (marchand de). 6

Briquetier (à façon). 8

Briou (fabricant de). 6

Brocanteur en boutique ou magasin. 5

Brocanteur d'habits en boutique. 6

Brocanteur d'habits sans boutique. 8

Broches et canelets pour filature (fabricant pour son compte). 5

Broches et canelets (pour filature rechargeur). 7

Broches et canelets (pour filature fabricant à façon). 8

Broderies (fabricant, marchand en gros de). 3

Broderies (fabricant, marchand en détail. 5

Classes.

Broderies (blanchisseurs et apprêteurs de). 7

Broderies (dessinateurs, imprimeurs de). 7

Broderies (fabricant à façon de). 7

Brodeurs sur étoffes en or et en argent (marchand en détail). 4

Bronzes, dorures et argentures sur métaux (marchand en gros). 4

Bronzes, dorures et argentures sur métaux (marchand en détail). 4

Brossier (fabricant pour son compte). 6

Brossier (fabricant à façon). 8

Brossier (marchand). 6

Brosses (fabricant de bois pour les). 8

Bottier (marchand). 4

Bottier, cordonnier (en chambre). 7

Bottes remontées (marchands de). 7

Brunisseur. 7

Bûches et briquettes factices (marchand de). 8

Buffletier (marchand). 6

Buffletier (fabricant pour son compte). 7

Buffletier (fabricant à façon). 8

Bureau de distribution d'imprimés, annonces, cartes de visites (entrepreneur d'un). 5

Bureau d'indication et de placement. 5

Bustes en cire pour coiffeur (fabricant de). 7

Bustes en plâtre (mouleur de). 6

Buis ou racines (marchand de). 6

126.

C.

Cabas (faiseur de). 8

Cabaretier ayant billard. 5

Cabaretier. 6

Cabinet de lecture où l'on donne à lire les journaux et nouveautés. 6

Cabinet de lecture où l'on donne à lire les journaux seulement. 7

Cabinet d'aisance public (tenant un). 6

Cabinet de figures de cire (tenant un). 7

Cabinet particulier de tableaux d'objets d'histoire naturelle et d'antiquité. 7

Cabriolet sur place ou sous remise (loueur de), s'il a plusieurs voitures. 5

Cabriolet sur place ou sous remise (loueur de), s'il n'a qu'un cabriolet. 7

Cachemires de l'Inde (marchand en gros de). 4

Cadrans de montres et de pendules (fabricant pour son compte) 6

Cadrans de montres et de pendules (fabricant à la façon de) 8

Cadres pour glaces ou tableaux (marchand de). 6

	Classes.
Cafetier.	4
Café de chicorée en poudre (marchand de).	6
Café tout préparé (débitant de).	8
Cafetières du levant ou marabouts (fabricant pour son compte de).	6
Cafetières du levant ou marabouts (fabricant à façon de).	8
Café de chicorée (fabrique de). Voir le tableau C, deuxième partie.	
Cages, souricières et tournelles (marchand de).	8
Caisse d'escompte (tenant).	1
Caisse ou comptoir d'avances ou de prêts (tenant).	1
Caisse ou comptoir de recettes et de paiemens.	1
Caisse de tambour (facteur de).	6
Calandreur d'étoffes neuves.	5
Calandreur d'étoffes vieilles.	7
Calfat, radoubeur de navires.	6
Cambreur de tiges de bottes.	7
Camés faux ou moulés (fabricant de).	7
Cannetilles (fabricant de).	7
Canaux navigables (concessionnaires de). Voir le tableau C, première partie.	
Cannelles et robinets en cuivre (fabricant pour son compte).	6
Cannelles et robinets en cuivre (fabricant à la façon).	7
Cannes (marchand en bouique de).	6
Cannes (fabricant pour son compte de).	7
Cannes (fabricant à façon de).	8
Cantinier dans les prisons, hospices et autres établissemens.	6
Caparaçonnes (fabricant pour son compte de).	6
Caparaçonnes (fabricant à la façon de).	8
Capsules métalliques pour boucher les bouteilles.	6
Capsules ou amorces de chasse (fabrique de). Voir le tableau C, deuxième partie).	
Cartonnage (fabrique de). Voir le tableau C, troisième partie.	
Cardes (manufacture de), par procédés ordinaires. Voir le tableau C, troisième partie.	
Cardes (fabricant pour son compte de), par procédés ordinaires.	6
Cardes (fabricant à la façon de), par procédés ordinaires.	8
Cardeur de laine, de coton, de bourre-de-soie, de filoselle, etc.	7
Carton ou carton-pierre (marchand, fabricant d'ornement en pâte de).	3
Carton pour bureau ou autres (fabricant pour son compte).	6
Carton pour bureau ou autres (fabricant à façon.	8
Cartonnage fin (fabricant, marchand de).	5
Cartier, fabricant de cartes à jouer.	4
Cartes de géographie (marchand).	6
Caractères mobiles en métal (fabricant de).	5
Caractères mobiles en bois ou en terre cuite (fabricant, marchand de).	7
Caractères.	
Caractères d'imprimerie (graveur de).	7
Caractères d'imprimerie (fondeur de).	3
Caractères d'imprimerie (fondeur à la façon de).	7
Carreaux à carreler (marchand de).	6
Carreleur.	7
Carrés de montres (fabricant pour son compte de).	6
Carrés de montres (fabricant à la façon de).	8
Carcasses ou montures de parapluies (fabricant, marchand de), pour son compte.	7
Carcasses ou montures de parapluies (fabricant, marchand de), à la façon.	8
Carcasses pour modes (fabricant de).	8
Carrioles (loueur de).	7
Carrossier (fabricant).	2
Carrossier (raccommodeur).	5
Casquettes (fabricant pour son compte).	6
Casquettes (fabricant à la façon).	8
Castine (marchand de).	8
Caoutchouc (fabricant ou marchand de), non confectionné ou étoffes garnies en caoutchouc.	4

	Classes.
Ceinturonnier (pour son compte).	7
Ceinturonnier (à façon).	8
Cendres gravelées (fabrique de). Voir le tableau C, deuxième partie.	
Cendres (laveur de).	6
Cendres noires (extracteur de). Tableau C, cinquième partie.	
Cendres ordinaires (marchand de).	7
Cercles ou cerceaux (marchand de).	6
Cerclier.	8
Cercle ou société, fournisseur d'objets de consommation.	5
Chaussées et routes (entrepreneur de l'entretien des). Voir le tableau C, cinquième partie.	
Chaudronnerie pour les appareils à vapeur à distiller. Voir le tableau C, troisième partie.	
Chaudronnier (marchand).	5
Chaudronnier (rhabilleur).	7
Chaudières en cuivre (marchand de).	4
Chandelles (fabrique de). Voir le tableau C, deuxième partie.	
Chandeliers en fort cuivre (fabricant pour son compte de).	6
Chandeliers en fort cuivre (fabricant à la façon de).	8
Chaussons en lisières et autres (marchand de).	7
Chaussons en lisières et autres (fabricant de).	8
Chaux (marchand de).	6
Chaux naturelle (fabrique de). Voir le tableau C, deuxième partie.	
Chaux artificielle (fabrique de). Voir le tableau C, deuxième partie.	
Charnières en fort cuivre ou fer-blanc, par procédés ordinaires (pour son compte).	7
Charnières en fort cuivre ou fer-blanc, par procédés ordinaires (à la façon).	8
Chocolats (marchand en gros de).	3
Chocolats (marchand en détail de).	5
Châles (marchand en gros de).	1
Châles (marchand au détail de).	3
Charpentier, entrepreneur, fournisseur.	4
Charpentier.	6
Chasublier (marchand).	4
Chasublier (à la façon).	7
Chiffonnier en gros.	1
Chiffonnier en détail.	7
Chaises fines (fabricant, marchand de).	6
Chaises communes (marchand de).	8
Chaises (loueur de), pour un prix de ferme de 2,000 fr. et au-dessus.	6
Chaises (loueur de), pour un prix de ferme de 500 à 2,000 fr.	7
Chaises (loueur de), pour un prix de ferme de 500 fr. et au-dessous.	8
Chaînes de fil, laine, coton pour la fabrication des tissus (marchand de).	6
Chamoiseur (pour son compte).	6
Chamoiseur (à la façon).	8
Chanvre (marchand en détail de).	6
Changeur de monnaie.	1
Chapeaux de paille (marchand en gros de).	1
Chapeaux de paille (marchand en demi-gros de).	2
Chapeaux de paille (marchand en détail).	5
Chapellerie en fin.	5
Chapellerie (marchand de fournitures pour la).	5
Chapellerie (marchand de matières premières pour la).	1
Chapelier (en grosse chapellerie).	6
Chapeaux de feutre et de soie (fabricant de).	4
Chapeaux (marchand de vieux), en boutique ou magasin.	8
Chapelets (fabricant, marchand de).	7
Charbon de bois (marchand en gros de).	4
Charbon de bois (marchand en demi-gros de).	5
Charbon de bois (marchand en détail de).	8
Charbon de terre épuré ou non (marchand en gros).	2
Charbon de terre épuré ou non (marchand en demi-gros).	5

	Classes.
Charbon de terre épuré ou non (marchand en détail).	8
Charbonnier, voiturier.	8
Charcutier.	4
Charcutier revendeur.	6
Charrée (marchand de).	6
Charron.	6
Charrette (loueur de).	8
Chasse (marchand d'ustensiles de).	5
Chasse (fabricant, marchand pour son compte de lunettes de).	6
Chasse (fabricant, marchand à la façon de lunettes de).	8
Chemin de fer avec péage (concessionnaires de). Voir le tableau C, troisième partie.	
Chevaux (marchand de).	4
Chevaux (loueur de).	5
Chevaux (courtier de).	7
Chevaux (tenant pension de).	5
Cheveux (marchand de).	5
Cheminées dites économiques (fabricant et marchand de).	5
Chef de pont et pertuis.	6
Chenilles en soie (fabricant pour son compte).	7
Chenilles en soie (fabricant à la façon).	8
Chèvres et chevreaux (marchand de).	7
Chevilleur.	8
Chineur.	7
Cidre (marchand en gros de).	3
Cidre (marchand, débitant en détail).	6
Cire à cacheter (fabricant de).	4
Cire à blanchir, employant moins de six ouvriers.	4
Cire (blanchisserie de). Voir le tableau C, deuxième partie.	
Cirier (marchand).	4
Cimentier, employant moins de cinq ouvriers.	6
Ciseleur.	6
Cirage ou encoustique (marchand, fabricant de).	7
Clinquant (fabricant de), pour son compte.	6
Clinquant (fabriquant de), à façon.	8
Clochettes (fondeur de).	6
Cloches (fondeur de), sans boutique ni magasin.	6
Cloches de toutes dimensions (marchand de).	5
Cloutier (marchand), en gros.	4
Cloutier (marchand), en demi-gros.	2
Cloutier (marchand), au détail.	5
Cloutier, au marteau, pour son compte.	7
Cloutier, au marteau, à façon.	8
Clous et pointes (fabrique de), par procédés mécaniques. Voir le tableau C, troisième partie.	
Coches d'eau (entreprise de). Voir le tableau C, première partie.	
Coiffeur.	6
Coiffes de femme (faiseuse, marchande de).	7
Commissionnaires au mont-de-piété.	4
Commissionnaire, porteur pour les fabricans de tissus.	6
Commissionnaire en marchandises. Voir le tableau B.	
Commissionnaires entrepositaires, Commissionnaires de transports par terre et par eau. Voir le tableau B.	
Comestibles (marchand de).	3
Comestibles (marchand de), en boutique.	6
Conditions pour les soies. Entrepreneur ou fermier.	2
Cocons (filerie de). Voir le tableau C, troisième partie.	
Cochons (marchand de).	4
Confiseurs.	3
Colle pour clarification des liqueurs (fabricant de).	5
Colle de patte et de peau (fabricant)	7
Colle forte (fabricant de). Voir le tableau C, deuxième partie.	
Colleur de papiers peints.	8
Colleur d'étoffes.	5
Colleur de chaînes pour fabricans de tissus.	7
Cols (marchand de).	6
Cols (fabricant de), à façon.	8
Coffretier, malletier en cuirs.	5
Coffretier, malletier en bois.	6
Conserves alimentaires.	3
Convois militaires (entreprise générales des). Voir le tableau C, troisième partie.	

Classes.

Convois militaires (entreprise particulière des), pour une division militaire. Voir le tableau C, troisième partie.
Convois militaires (entreprise particulière pour gîtes d'étapes). Voir le tableau C, troisième partie.
Corraux (préparateur de). 3
Corraux bruts (marchand de). 3
Courrois (apprêteur de), pour son compte. 7
Courrois (apprêteur de), à façon. 8
Coutelier (marchand-fabricant). 5
Coutelier (fabricant), à façon. 7
Couturière (marchande). 6
Couturière en corsets, en robes ou en linge. 7
Courtier de bestiaux. 7
Courtier-gourmet, piqueur de vin. 6
Coupeur de poil (marchand), pour son compte. 6
Coupeur de poil (marchand), à façon. 7
Corsets (fabricant-marchand de). 6
Coquetier, avec voiture. 6
Coquetier, avec bête de somme. 7
Couverts et autres objets en fer battu ou étain, par procédé ordinaire. 4
Couverts et autres objets en fer battu ou étain (marchand de), au détail. 6
Couverts et autres objets en fer battu ou étain (marchand de), à la façon. 8
Couvertures de soie (bourre de), laine, coton, par procédé ordinaire (marchand en gros de). 4
Couvreur (entrepreneur). 4
Couvreur (maître). 6
Couvreur en paille ou en chaume. 7
Couleur ou vernis (fabricant-marchand de). 4
Cornes brutes (marchand de). 5
Cornes (apprêteur de), pour son compte. 6
Cornes (apprêteur de), à façon. 8
Cornes (fabricant de feuilles transparentes de), pour son compte. 6
Cornes (fabricant de feuilles transparentes de), à façon. 8

Classes.

Cordiers, fabricans de cables, cordages pour la marine et la navigation intérieure. 4
Cordier (marchand). 6
Cordier, fabricant de menus cordages, tels que cordes et ficelles. 7
Cordes harmoniques (fabricant de) pour son compte. 6
Cordes harmoniques (fabricant de) à façon. 7
Cordes métalliques (fabricant de), pour son compte. 6
Cordes métalliques (fabricant de), à façon. 7
Cordes de puits et liens de force (fabricant de). 8
Cordons en fil, laine, soie (fabricant de), pour son compte. 7
Cordons en fil, laine, soie (fabricant de), à façon. 8
Cordonnier (marchand). 4
Corroyeur (marchand). 4
Corroyeur, à façon. 7
Cosmétiques (marchand de). 7
Cosmorama (directeur de). 6
Costumier. 6
Coton et laine (marchand de), en gros. 1
Coton filé (marchand de), en gros. 1
Coton filé (marchand de), au détail. 4
Coton cardé ou gommé (marchand de). 7
Coterets (marchand de), sur bateaux. 4
Coterets (débitant ou détaillant). 8
Crayons (fabricant de). Voir le tableau C, deuxième partie.
Crayons (marchand de). 6
Crépins (marchand de). 6
Crépins en bois (fabricant d'articles de), pour son compte. 7
Crépins en bois (fabricant d'articles de), à façon. 8
Creusets (fabricant de). Voir le tableau C, deuxième partie.
Cristaux (manufacture de). Voir le tableau C, troisième partie.
Cristaux (marchand de), en gros. 1
Cristaux (marchand de), en demi-gros. 2
Cristaux (marchand de), au détail. 5
Cristaux (tailleur de). 7

	Classes.
Crémier ou laitier.	7
Criblier.	7
Crin frisé (marchand de).	4
Crin frisé (marchand de), en gros.	1
Crin frisé (marchand de), en demi-gros.	2
Crin frisé (apprêteur de).	5
Crin plâtré (marchand de).	6
Crin (apprêteur, crêpeur ou friseur de), à façon.	8
Crinière (fabricant), pour son compte.	6
Crinière (fabricant), à façon.	8
Crémier-glacier.	5
Crics (fabricant-marchand de).	5
Crochets pour fabriques d'étoffes, pour son compte.	7
Crochets pour fabriques d'étoffes, à façon.	8
Culottier en peau (marchand de).	5
Cuirs en vert, étrangers, (marchand de), en gros.	1
Cuirs tannés, corroyés, lissés, vernissés (marchand en gros).	1
Cuirs en vert, du pays, (marchand de), en gros.	3
Cuirs tannés, corroyés, lissés, vernissés (marchand de), au détail.	4
Cuir bouilli et verni (fabricant-marchand d'objets de).	6
Cuirs et pierres à rasoirs (fabricant-marchand de).	6
Curiosités (marchand de), en boutique.	5
Cuivre de navires (marchand en vieux de).	6
Cuivre vieux (marchand de).	7
Cuves, foudres, barriques et tonneaux (fabricant de).	7
Cuillers d'étain (fondeur ambulant de).	8

127

D.

Dalles (marchand de).	6
Damasquineur.	6
Denrées coloniales (marchand de) en gros.	1
Dentelles (marchand de), en gros.	1
Dentelles (marchand de), en demi-gros.	2
Dentelles (marchand de).	4
Dentelles (facteur de).	6
Denteleur de soie.	7
Décors et ornemens d'architecture (marchand de).	4
Déchireur ou dépeceur de bateaux.	5
Déchet de coton (marchand de).	7
Décatisseur.	5
Décrueur de fils.	7
Découpeur d'étoffes ou de papier.	8
Découpoirs (fabricant de), pour son compte.	6
Découpoirs (fabricant de), à façon.	8
Décroteur en boutique.	8
Défrichement ou dessèchement (compagnie de). Voir le tableau C, première partie.	
Dégraisseur.	7
Déménagemens (entrepreneur de), s'il a plusieurs voitures.	3
Déménagemens (entrepreneur de), s'il n'a qu'une seule voiture.	6
Dépeceur de voitures.	6
Dés à coudre, en métal, autre que l'or ou l'argent (fabricant de), pour son compte.	5
Dés à coudre, en métal, autre que l'or ou l'argent (fabricant de), à façon.	8
Dessèchement (entrepreneur de travaux de). Voir le tableau C, cinquième partie.	
Dessinateur pour fabrique.	6
Diamans, pierres fines (marchand)	1
Diligences partant à jours et heures fixes (entrepreneur de). Voir le tableau C, troisième partie.	
Diorama, panorama, néorama, géorama (directeur de).	2
Distillateur-liquoriste.	3
Distillateur d'essence et eau parfumée et médicinale.	5
Dorures et argentures sur métaux (fabricant ou marchand de), au détail.	4
Dorures pour passementerie (marchand de).	4

	Classes.
Doreur et argenteur.	6
Doreur sur bois.	6
Doreur sur tranches.	7
Dragueur, entrepreneur. Voir le tableau C, cinquième partie.	
Droguiste (marchand en gros).	1
Droguiste (marchand en demi-gros).	2
Droguiste (marchand au détail).	3

128. E.

Eau-de-vie (marchand en gros d').	1
Eau-de-vie (marchand en demi-gros d').	2
Eau-de-vie (marchand au détail d')	5
Eau filtrée ou clarifiée (entrepreneur d'établissement).	3
Eau minérale factice (marchand d')	4
Eau minérale et thermale (exploitation d'). Voir le tableau C, troisième partie.	
Ebéniste (marchand), ayant boutique ou magasin.	5
Ebéniste (fabricant pour son compte), sans magasin.	6
Ebéniste (fabricant à façon).	7
Ecorce de bois pour tan (marchand d').	4
Eclairage à l'huile pour le compte des particuliers (entrepreneur d').	4
Ecailles d'able ou d'ablette (marchand d').	7
Ecrans (fabricant d'), pour son compte.	6
Ecrans (fabricant d'), à façon.	8
Echalas (marchand d').	7
Ecorcheur ou équarrisseur d'animaux.	7
Elastiques pour bretelles, jarretières (fabricant d').	8
Emeri et rouge à polir (marchand d')	8
Emailleur, pour son compte.	6
Emailleur, à façon.	7
Emballeur non layetier.	6
Enclumes, essieux et gros étaux. Voir le tableau C, troisième partie.	
Encres à écrire (fabricant-marchand d'), en gros.	3
Encres à écrire (fabricant-marchand d'), au détail.	6
Encre d'imprimerie (fabrique d'). Voir le tableau C, deuxième partie.	
Enduits contre l'oxidation (applicateur d').	6
Engrais (marchand d'). Voir le tableau C, deuxième partie.	
Enjoliveur (marchand).	6
Enjoliveur (fabricant), pour son compte.	7
Enjoliveur (fabricant), à façon.	8
Epiceries (marchand d'), en gros.	1
Epiceries (marchand d'), en demi-gros.	2
Epicier, en détail.	5
Epicier regrattier, s'il ne vend qu'à petits poids et de la poterie de terre, charbon, bois à la falourde.	7
Entrepôt, concessionnaires exploitans ou fermiers des droits d'emmagasinage.	2
Entreprise générale de balayage, arrosage ou enlèvement des boues.	2
Entrepreneur d'éclairage à l'huile. Voir le tableau B, 1re partie.	
Eperonnier, pour son compe.	5
Eperonnier, à façon.	7
Epinglier grillageur.	7
Epingles (manufacture d'), par procédé mécanique. Voir le tableau C, troisième partie.	
Epingles (fabricant d'), par procédé ordinaire.	6
Eponges (marchand d'), en gros.	3
Eponges (marchand d'), au détail.	4
Equipemens militaires (marchand d'objets d').	3
Equipage (maître d').	5
Equarisseur de bois.	7
Equipeur-monteur.	7
Escompteur.	1
Esprit ou eau-de-vie (fabrique d'). Voir le tableau C, deuxième partie.	

Classes.

Esprit ou eau-de-vie, marchand de marc de raisin, cidre ou poirée. Voir le tableau C, deuxième partie.
Essayeur de soie. 6
Essayeur pour le commerce. 3
Essence d'Orient (fabricant d'). 7
Estaminet (maître d'). 4
Estampeur en or ou en argent. 4
Estampeur en métaux autres que l'or ou l'argent. 7
Estampes et gravures (marchand de). 6
Etain (fabricant de feuilles d'). 5
Etain (fabrique d'), pour glace. Voir le tableau C, deuxième partie.
Etameur de glaces. 6

Classes.

Etameur ambulant d'ustensiles de cuisine. 8
Etoupes (marchand d'). 8
Etriers (fabricant d'), pour son compte. 5
Etriers (fabricant d'), à façon. 7
Etrilles (fabricant d'), pour son compte. 5
Etrilles (fabricant d'), à façon. 7
Eventails (fabricant d'), pour son compte. 7
Eventailliste (fabricant à façon). 8
Eventailliste (marchand et fabricant), ayant boutique ou magasin. 6
Expert pour les partages, les contestations, les estimations des propriétés. 7

129.

F.

Fabrication dans les prisons (entrepreneur de). Voir le tableau C, cinquième partie.
Fabrication dans les dépôts de mendicité. Voir le tableau C, cinquième partie.
Facteur aux halles de Paris. Voir le tableau B.
Facteur de fabrique. 6
Facteur de denrées et marchandises, partout ailleurs qu'à Paris. 4
Farines (marchand de), en gros. 4
Farines (marchand de), en détail. 6
Fagots et bourrées (marchand de), vendant par voiture 6
Fagots et bourrées (marchand de), vendant au détail et au fagot. 8
Falourdes (dépôt de). 8
Faïence (manufacture de). Voir le tableau C, troisième partie.
Faïence (marchand de). 6
Fanons ou barbes de baleine (marchand de), en gros. 1
Fanons ou barbes de baleine (marchand de), en demi-gros. 2
Faines (marchand de). 8
Faux, faucilles (fabricant de). Voir le tableau C, troisième partie.
Fécule de pomme de terre. Voir le tableau C, deuxième partie.
Fer en barre (marchand en détail de), vendant au-dessous de 500 kilogrammes. 4
Fer en barre (marchand en gros de), vendant au-moins par 500 kilogrammes. 1.
Fer en meubles (marchand de). 3
Ferblanc (fabrique de). Voir le tableau C, troisième partie.
Ferblantier-lampiste. 5
Ferblantier. 6
Ferblantier en chambre. 7
Ferronier. 5
Ferronnerie, serrurerie et clous forgés. Voir le tableau C, troisième partie.
Ferrailleur. 7
Feutres (fabricant-marchand de), pour la papeterie, la doublure des navires, plateaux et vernis. 6
Feuilles de blé de Turquie (marchand de). 8
Fiacres (loueur de). 5
Fiacres (loueur de), s'il n'a qu'une voiture. 7
Figures en cire (mouleur de), à façon. 8
Fils de coton, chanvre, lin (fabrique de). Voir le tableau C, troisième partie.
Fils de chanvre, de lin (marchand en détail de). 4
Filasse de nerfs (fabricant pour son compte de). 6
Filasse de nerfs (fabricant à façon). 8

	Classes.
Fouleur de feutres pour les chapeliers.	6
Fourbisseur (marchand).	6
Fournaliste.	6
Fourneaux, potagers (fabricant-marchand de).	6
Frangier (marchand).	5
Frangier (fabricant pour son compte).	7
Frangier (fabricant à façon).	8
Frappeur de gaze.	8
Frétin (marchand de).	7
Friseur de draps et autres étoffes de laine.	7
Friteur ou friturier en boutique.	7
Fromages secs (marchand de), en gros.	1
Fromages secs (marchand de), en demi-gros.	4
Fromages secs (marchand de), au détail.	6
Fromages de pâte-grasse (marchand de), en gros.	4
Fromages de pâte-grasse (marchand de), au détail.	6
Fruits sur bateau. Voir le tableau C, cinquième partie.	
Fruits secs (marchand de), en gros.	1
Fruits secs (marchand de), en demi-gros.	3
Fruits secs (marchand de), au détail.	6
Fruits secs (marchand de), pour boissons.	6
Fruitier, oranger.	6
Fruitier.	7
Fuseaux (fabricant de).	8

130.

G.

	Classes.
Gabare, maître ou gabarier.	7
Gaignier (fabricant pour son compte).	7
Gaignier (fabricant à la façon).	8
Galoches (fabricant de).	7
Galettes, gauffres, brioches et gâteaux (marchand en boutique de)	7
Galonnier (marchand).	5
Galonnier (fabricant pour son compte).	7
Galonnier (fabricant à la façon).	8
Gantier (marchand).	5
Gantier (fabricant).	3
Garde du commerce.	4
Garde-robes inodores (fabricant, marchand de).	6
Gares (entrepreneur de). Voir le tableau C, cinquième partie.	
Gargotier.	7
Garnisseur d'étuis pour instrumens de musique.	8
Garnitures de parapluies, cannes, bouts de cannes à manches et à anneaux (fabricant, marchand de).	8
Gauffreur d'étoffes, de rubans, etc.	7
Gaules et perches (marchand de).	7
Gaz pour l'éclairage (fabrique de). Voir le tableau B.	
Gélatine (fabrique de). Voir le tableau C, deuxième partie.	
Gibernes (fabricant pour son compte de).	6
Gibernes (fabricant à la façon de).	8
Glaces (manufacture de). Voir le tableau C, troisième partie.	
Glaces (miroitier, marchand de).	5
Glaces, eau congelée (marchand de).	6
Glacier-limonadier.	3
Glacier.	5
Glacière (maître de). Voir le tableau C, deuxième partie.	
Globes terrestres et célestes (fabricant et marchand de).	6
Gobeloterie (manufacture de). Voir le tableau C, troisième partie.	
Gommeur d'étoffes.	6
Graines oléagineuses et autres, fourrages (marchand en détail de).	7
Graines oléagineuses et autres, fourrages (marchand en gros de).	1
Graines oléagineuses et autres, fourrages (marchand en demi-gros de).	4
Graines (marchand en détail de).	6
Graines de moutarde.	6

Classes.

Grainetier, fleuriste (expéditeur). 4
Grainetier, fleuriste (en détail). 6
Grainier ou grainetier. 7
Grains (marchand en gros de). 4
Gravatier. 7
Graveur en caractères d'imprimerie. 7
Graveur sur métaux, se bornant à graver des cachets ou des planches, pour factures ou autres objets de ville. 7

Classes.

Graveur de musique. 8
Graveur sur bois. 8
Graveur sur cylindres. 4
Graveur sur métaux, fabricant de timbre sec, et graveur sur bijoux. 6
Grue (maître de). 6
Grueur. 7
Guitrier. 7
Guillocheur. 7
Guimpier. 7

131. H.

Halles, marchés ou emplacemens sur les places publiques (fermiers ou adjudicataires des droits de). 3
Halage (loueur de chevaux de). 7
Hameçons (fabricant de). 7
Harmonica. 8
Harpes (facteur et marchand de), ayant boutique ou magasin. 3
Harpes (facteur et marchand de), n'ayant ni boutique ni magasin. 6
Herboriste (expéditeur). 4
Herboriste (droguiste). 6
Herboriste (ne vendant que des plantes médicinales fraîches ou sèches). 7
Histoire naturelle (marchand d'). 6
Hongroyeur ou hongrieur. 4
Hongreur. 7
Horlogerie (marchand de pièces en gros d'). 1
Horlogerie (marchand de fournitures d'). 4
Horlogerie (fabricant de pièces à la façon d'). 7
Horlogerie (fabricant de pièces pour son compte). 6
Horloger. 3
Horloger repasseur. 7
Horloger rhabilleur (non marchand) 7
Horloger rhabilleur (marchand). 6
Horloger en bois. 7
Hôtel garni (maître d'). 4
Hôtel garni (maître d'), tenant un restaurant à la carte. 3
Houblon. 4
Houblon (marchand en gros de). 3
Huiles (marchand en gros d'). 1
Huiles (marchand en demi-gros d'). 2
Huiles (marchand au détail d'). 4
Huîtres (marchand d'). 6
Huîtres (expéditeur, marchand d'). Voir le tableau C, troisième partie.
Hydromel (fabricant, marchand d'). 3

132. I.

Imprimeur d'étoffes. Voir le tableau C, troisième partie.
Imprimeur libraire. 3
Imprimeur typographe. 3
Imprimeur typographe (éditeur). 6
Imprimeur typographe (non-éditeur). 7
Imprimeur en taille-douce. 7
Imprimeur sur porcelaine, faïence, verre, cristal, émail (à façon). 7
Images (fabricant ou marchand d'). 6
Instrumens pour les sciences (facteur, marchand d'), ayant boutique ou magasin. 4
Instrumens pour les sciences (facteur, marchand d'), sans boutique ni magasin. 6
Instrumens de chirurgie en métal (fabricant, marchand d'). 5
Instrumens de chirurgie en gomme élastique (fabricant d'). 6
Instrumens aratoires (fabricant d'). 6

Classes.

Instrumens de musique à vent, en bois, en cuivre (facteur d'). 6

Inhumation et pompes funèbres de Paris (entreprise d'). Voir le tableau B.

Inhumation et pompes funèbres (entreprise d'), autres qu'à Paris. 1

Individu (tout) transportant des marchandises de commune en commune, lors même qu'il vend pour le compte d'un marchand ou fabricant, même patenté ou non, est tenu d'avoir une patente personnelle, qui est, selon l'importance et la nature du mode de vente, soit de marchand forain, soit de colporteur :

1° Avec voiture à un seul collier, ci. . . . . 60 fr.

Classes.

2° Voiture à deux colliers, ci. . . . . 120 fr.

3° Voiture à trois colliers et au-dessus, ou ayant plus d'une voiture, ci. . 200

4° Avec bête de somme, ci. 40

5° Avec balle, ci. 15

Les droits ci-avant énumérés sont réduits de moitié, lorsque les marchands forains ou colporteurs ne vendent que de la boiserie, de la poterie, de la vannerie ou des balais (loi 25 avril 1844, art. 18 et 24).

Ivoire (marchand d'objets en). 5

Ivoire (fabricant d'objets pour son compte). 6

Ivoire (fabricant d'objets à la façon). 7

133. J.

Joaillier (fabricant et marchand), ayant atelier et magasin. 2

Joaillier (marchand), n'ayant point d'atelier. 3

Joaillier (fabricant pour son compte). 5

Joaillier (fabricant à la façon). 7

Jardin public (tenant un). 4

Jais ou jouets (fabricant ou marchand d'objets de). 6

Jaugeur, juré pour liquides. 8

Jaugeage de liquides (adjudicataire des droits de). 4

Jeu de paume (maître de). 5

Jambons (marchand, expéditeur de). 3

134. K.

Kaolin et pitenzé (marchand de). 6

Kaolin (exploitant une usine à pulvériser le). Voir le tableau C, troisième partie.

135. L.

Lait d'anesse (marchand de). 7

Laine brute ou lavée (marchand de), en gros. 1

Laine brute ou lavée (marchand de), en détail. 4

Laine filée ou peignée (marchand de), en gros 1

Laine filée ou peignée (marchand de), en demi-gros. 2

Laine filée ou peignée (marchand de), au détail. 4

Laines (laveur de). 8

Laineur. 4

Lamier-Rotier, par procédé mécanique. Voir le tableau C, troisième partie.

Lamier-Rotier, fabricant pour son compte. 7

Lamier-Rotier, fabricant à façon. 8

Lamineur, par procédé ordinaire. 6

Laminerie (entrepreneur de). Voir le tableau C, troisième partie.

Lampiste. 6

Lanternier. 6

Langueyeur de porc. 8

Lapidaire en pierres fines (fabri-

	Classes.
cant ou marchand), ayant boutique ou magasin.	5
Lapidaire en pierres fines, fabricant à façon.	7
Lattes (marchand de), en gros.	3
Lattes (marchand de), au détail.	6
Lavoir public (tenant un).	6
Layetier.	6
Layetier emballeur.	5
Layette d'enfant.	7
Levure ou levain (marchand de).	6
Légumes secs (marchand de), en gros.	4
Légumes secs (marchand de), au détail.	7
Libraire éditeur.	3
Libraire.	5
Liége brut (marchand de), en gros.	1
Liége brut (marchand de), au détail.	5
Lie de vin (marchand de).	7
Limes (fabrique de). Voir le tableau C, troisième partie.	
Limes (tailleur de).	8
Limailles (marchand de).	8
Limonadier non glacier.	4
Linges (marchand de vieux).	7
Linges de table et de ménage (loueur de).	6
Linger.	6
Linger fournisseur.	3
Lin ou chanvre brut ou filé (marchand de), en gros.	1
Lin ou chanvre brut ou filé (marchand de), en demi-gros.	2
Lin ou chanvre (marchand de), au détail.	6
Lin (fabricant de).	7
Liqueurs (marchand de), en gros.	1
Liqueurs (fabricant de).	3
Liqueurs (marchand de), au détail.	4
Liqueurs et eau-de-vie (débit de).	7
Lithochrome (imprimeur).	6
Lithochroomie (marchand de).	6
Lithographie (marchand de).	6
Lithophanies pour stocs (fabricant ou marchand de).	6
Logeur.	7
Loueur de voitures suspendues.	5
Loueur de tableaux et dessins.	6
Loueur en garni.	6
Loueur en garni, s'il ne loue qu'une chambre.	8
Loueur de livres.	7
Lunettier (marchand).	5
Lunettier (fabricant).	6
Lunettes (fabricant de verres de).	7
Lutherie (marchand fournisseur de).	5
Luthier (fabricant), pour son compte.	5
Luthier (fabricant), à façon.	7
Lustreur de fourrures.	6
Lustres (fabricant-marchand de).	4

136. **M.**

Machines à vapeur, à presses pour les imprimeries, mécaniques pour filatures. Voir le tableau C, quatrième partie.	
Maison particulière de santé (tenant une). Voir le tableau C, troisième partie.	
Maîtres ou patrons de barques ou bateaux navigant pour son compte propre sur les fleuves, rivières ou canaux, soit que lesdites barques lui appartiennent, soit qu'il les ait louées; si le conducteur n'est qu'un homme à gages, la patente est due par le propriétaire.	5
Marbre (marchand de), en gros	3
Marbres factices (fabricant-marchand d'objets en).	6
Marbrier.	6
Marbreur sur tranches.	7
Maréchal-ferrant.	6
Maréchal-expert.	5
Marayeur, expéditeur avec voitures servies par des relais. Voir le tableau C, troisième partie.	
Maçonnerie (entrepreneur de).	4
Maçon (maître).	6
Madrage (fermier de). Voir le tableau C, cinquième partie.	
Magasinier.	5
Magasin de plusieurs espèces de marchandises. Voir le tableau C. première partie.	

	Classes.
Manége d'équitation (tenant un).	4
Mâts (constructeur de).	4
Matelassier.	8
Matériaux (marchand de vieux).	6
Maroquin (fabrique de), avec machine à vapeur ou moteur hydraulique. Voir le tableau C, troisième partie.	
Maroquinier (fabricant pour son compte).	5
Maroquinier (fabricant à façon).	7
Marrons ou châtaignes (expéditeur de).	6
Marrons (marchand de), au détail.	8
Martinet, par arbre de cannage. Voir le tableau C, troisième partie.	
Marchande à la toilette.	7
Marchand forain ou colporteur. Voir le tableau C, première partie.	
Masques (fabricant ou marchand de).	6
Mastics ou cimens (fabrique de). Voir le tableau C, deuxième partie.	
Mécanicien.	4
Mèches et veilleuses (fabricant ou marchand de).	8
Mégissier (fabricant), pour son compte.	5
Mégissier (fabricant), à façon.	7
Menuisier (entrepreneur).	4
Menuisier mécanicien.	5
Menuisier.	6
Merceries (marchand de menues).	6
Merceries (marchand de), en gros.	1
Merceries (marchand de), en demi-gros.	2
Merceries (marchand de), au détail.	4
Mesures linéaires, règles, équerres (fabricant pour son compte).	7
Mesures linéaires, règles, équerres (fabricant à façon).	8
Métaux (marchand de), en gros, autres que l'or, l'argent, le fer en barre et la fonte.	1
Métaux (marchand de), en demi-gros, autres que l'or, l'argent, le fer en barre et la fonte.	2
Métaux (marchand de), au détail, autres que l'or, l'argent, le fer en barre et la fonte.	4
Métiers à bras (forgeur de), pour son compte.	5
Métiers à bas (forgeur de), pour son compte.	7
Métiers à bas (forgeur de), à façon.	8
Métiers (fabrique à). Voir le tableau C, quatrième partie.	
Metteur en œuvre (pour son compte.	6
Metteur en œuvre (à façon).	7
Meules de moulin (fabricant de).	4
Meules à aiguiser (fabricant ou marchand de).	5
Meules à aiguiser (marchand de).	6
Meules d'occasion (marchand de).	6
Miel et cire brute (marchand expéditeur de).	1
Miel et cire brute (marchand non expéditeur de).	4
Mines de plomb (marchand de), en gros.	1
Mines de plomb (marchand de), au détail.	5
Minière non concessible (exploitant de). Voir le tableau C, cinquième partie.	
Minerai de fer (marchand de), ayant magasin.	5
Miroitier.	5
Modes (marchand de).	3
Modiste.	5
Modiste à façon.	8
Moulin à blé, à huile, à garence, à tan. Voir le tableau C, troisième partie.	
Moulinier en soie. Voir le tableau C, troisième partie.	
Moutons ou agneaux (marchand de)	4
Moutardier (marchand en gros).	4
Moutardier (marchand au détail).	7
Moireur d'étoffes, pour son compte.	6
Moireur d'étoffes, à façon.	8
Monnaies (directeur des). Voir le tableau B.	
Monumens funèbres (entrepreneur de).	5
Monteur en bronze.	7
Monteur de métiers.	6
Mosaïque (marchand de).	6

Classes.

Moulures (fabricant de), pour son compte. 5
Moulures (fabricant de), à façon. 7
Moulures (marchand de), en boutique. 5
Moules de boutons (fabricant de). 8
Mulets et mules (marchand de). 4
Muletier. 7
Mulquinier, celui qui prépare le fil pour les chaînes de tissus. 6
Musique (marchand de). 5

137. N.

Nacre brut (marchand de). 3
Nacre de perles (fabricant d'objets en), pour son compte. 5
Nacre de perles (fabricant d'objets de), à façon. 7
Nacre de perles (marchand d'objets de). 5
Natation (tenant une école de). 5
Naturaliste (marchand). 6
Nattier. 8
Navetier (fabricant). 7
Navires (constructeur de). 3
Négociant. Voir le tableau B.
Nécessaires (marchand de). 4
Nécessaires (fabricant de), pour son compte. 6
Nécessaires (fabricant de), à façon. 8
Noir animal (fabrique de). Voir le tableau C, deuxième partie.
Nouveautés (marchand de). 2
Nougat (fabricant expéditeur). 4
Nourrisseur de vaches, chèvres, pour le commerce du lait. 6
Nerfs (facteur de). 8

138. O.

Octroi (adjudicataire des droits d'). 1
Œufs (marchand expéditeur d'). 1
Œillets métalliques (fabricant d'). 8
Oiselier. 7
Omnibus et autres voitures semblables (entreprise d'). 2
Or et argent (marchand d'). 2
Orfèvre (marchand-fabricant), avec atelier et magasin. 2
Orfèvre (marchand), sans atelier ni magasin. 3
Orfèvre (fabricant pour son compte) 5
Orfèvre (fabricant à façon). 7
Oranges et citrons (marchand expéditeur d'). 4
Oranges et citrons (marchand en boutique et au détail d'). 6
Ornementiste. 4
Orge (exploitant un moulin à perler l'). 7
Orgues d'église (facteur d'). 4
Orgues portatives (facteur d'), pour son compte. 5
Orgues portatives (facteur d'), à façon. 7
Oribus (faiseur et marchand d'). 8
Orthopédie (tenant un établissement d'). Voir le tableau C, troisième partie.
Os pour la fabrication du noir animal (marchand en gros d'). 1
Os (fabricant d'objets en), pour son compte. 6
Os (fabricant d'objets en), à façon. 8
Osier (marchand d'). 8
Outres (marchand d'). 6
Outres (fabricant d'), pour son compte. 6
Outres (fabricant d'), à façon. 7
Ourdisseur de fil. 8
Ouates (fabricant et marchand d'). 7
Ovaliste. 7

139. P.

Paille (fabricant de tissus pour chapeaux de), pour son compte. 6
Paille (fabricant de tissus pour chapeaux de), à façon. 7
Paille (fabricant de tresses, cordonnets, etc., en). 7
Paille teinte (fabricant-marchand de). 7

Classes.

Paillassons (fabricant de). 8
Paillettes et paillons (fabricant de), pour son compte. 6
Paillettes et paillons (fabricant de), à façon. 8
Pains à cacheter et à chanter (fabricant-marchand de). 6
Pain d'épice (fabricant ou marchand de), en boutique. 6
Pain (marchand de), en boutique. 7
Papetier (marchand en gros). 1
Papetier (marchand en détail). 4
Papeterie à la cuve. Voir le tableau C, troisième partie.
Papeterie à la mécanique. Voir le tableau C, troisième partie.
Papiers peints pour tenture (marchand de). 5
Papiers peints pour tentures (fabrique de). Voir le tableau C, troisième partie.
Papier de fantaisie (fabricant de), pour son compte. 6
Papier de fantaisie (fabricant de), à façon. 7
Papiers verrés ou émérissés (fabrique de). 8
Parfumeur (marchand en gros). 1
Parfumeur (marchand en détail). 5
Parcheminier (fabricant pour son compte). 6
Parcheminier (fabricant à façon). 8
Parapluies (fabricant-marchand de) 6
Parc aux charrettes (tenant un). 5
Parquetier-menuisier. 6
Passementier (fabricant pour son compte). 7
Passementier (fabricant à façon). 8
Passementier (marchand). 5
Pastel (marchand en gros de). 1
Pastel (marchand en détail de). 4
Pâte alimentaire (fabrique de). Voir le tableau C, deuxième partie.
Pâte alimentaire (marchand de). 6
Pâte de rose (fabricant de bijoux en) 8
Pâtissier expéditeur. 3
Pâtissier non expéditeur. 4
Pâtissier brioleur. 7
Pavés (marchand de). 5
Pavage des villes (entrepreneur de) 3
Paveur. 6
Peaussier (marchand en gros). 1

Classes.

Peaussier (marchand en détail). 5
Peaux en vert ou crues (marchand de). 5
Peaux de lièvre ou de lapin (marchand de), en boutique. 6
Pêche, adjudicataire ou fermier pour un prix de 2,000 fr. et au-dessus. 6
Pêche, adjudicataire ou fermier pour un prix de 300 à 2,000 fr. 7
Pêche, adjudicataire ou fermier pour un prix au-dessous de 300 f. 8
Pédicure. 7
Peignes de soie (marchand de). 5
Peignes à serencer (fabricant de), pour son compte. 6
Peignes à serencer (fabricant de), à façon. 8
Peignes d'écaille (fabricant de), pour son compte. 6
Peignes d'écaille (fabricant de), à façon. 8
Peignes (marchand de), en boutique. 6
Peignes en cannes ou roseaux pour les tisserans (fabricant-marchand de). 8
Peigneur de chanvre, de lin ou de laine. 7
Pelleteries (marchand en gros de), s'il tire les pelleteries de l'étranger ou s'il y en envoie. 1
Pelleteries ou fourrures (marchand de), en détail. 4
Peintures (entrepreneur de), en bâtimens. 4
Peintures (vernisseur de), en voitures ou équipages. 5
Peintre en bâtimens, non entrepreneur. 6
Peintre en armoiries, attributs ou décors. 7
Peintre ou doreur sur verre, cristal ou porcelaine (pour son compte). 7
Peintre ou doreur sur verre, cristal ou porcelaine (à façon). 8
Pelles de bois (fabricant ou marchand de). 8
Pension bourgeoise (tenant une). 6
Pension particulière de vieillards (tenant une). 6

Classes

Pendules et bronze (marchand de), en gros. 1
Pendules et bronze (marchand de), en détail. 3
Perceur. 8
Perles fausses (marchand de). 5
Perles (fabricant de), pour son compte 6
Perles (fabricant de), à façon. 8
Perruquier. 7
Peseur et mesureur juré 6
Pesage et mesurage (fermier des droits de). 4
Pharmacien 3
Pianos et clavecins (facteur-marchand de), en boutique ou magasin. 3
Pianos et clavecins (facteur-marchand de), n'ayant ni boutique ni magasin. 6
Pierres à feu (marchand expéditeur de). Voir le tableau C, deuxième partie.
Pierres fines (marchand de). 1
Pierres artificielles ou factices (fabricant d'objets en). 4
Pierres brutes (marchand de). 5
Pierres lithographiques (marchand de). 5
Pierres à brunir (fabricant-marchand de). 6
Pierres fausses (fabricant de). 6
Pierres bleues (marchand de), pour blanchissage de linge. 6
Pierres taillées (marchand de). 6
Pierres ponces (marchand de). 7
Pinceaux (fabricant de), pour son compte. 6
Pinceaux (fabricant de), à façon. 8
Pipes (marchand de). 6
Pipes (fabrique de). Voir le tableau C, deuxième partie.
Piquonnier. 7
Piqueurs de cartes à dentelles. 8
Piqueurs de grès. 8
Plafonneur. 6
Planches (marchand de), en gros. 1
Planches (marchand de), au détail. 5
Planches ou ifs à bouteilles (fabricant de). 7
Planeur en métaux. 7
Plaqués ou doublés d'or ou d'argent (fabricant-marchand d'objets). 3
Plaqueur. 7
Plâtres (fabrique de). Voir le tableau C, deuxième partie.
Plâtre (marchand de). 6
Plâtrier-maçon. 6
Plieur d'étoffes. 4
Plieur de fil et de soie, à façon. 8
Plombier. 5
Plomb de chasse (fabricant ou marchand de). 6
Plume et duvet (marchand de), en gros. 1
Plume et duvet (marchand de), au détail. 3
Plumes à écrire (marchand expéditeur de). 3
Plumes à écrire (marchand non expéditeur de). 5
Plumes à écrire (apprêteur de) 8
Plumes métalliques. 6
Plumassier (fabricant-marchand). 5
Plumeaux (fabricant-marchand), pour son compte. 7
Plumeaux (fabricant-marchand), à façon. 8
Poêlier en faïence, fonte ou fer. 6
Poires à poudre (fabricant de), pour son compte. 7
Poires à poudre (fabricant de), à façon. 8
Pois d'iris (fabricant de). 8
Pointes (fabrique de), par procédé ordinaire. Voir le tableau C, deuxième partie.
Poissons salés, marinés, secs et fumés (marchand de), en gros. 1
Poissons salés, marinés, secs et fumés (marchand de), en demi-gros. 3
Poissons frais (marchand de), vendant par forte partie ou détaillant 5
Poissons (marchand de), au détail. 7
Polytypages (fabricant de). 4
Polissoir d'objets en or, en argent, cuivre, acier, écaille, os et corne. 6
Pompes à incendie (fabricant de). 4
Pompes de métal (fabricant de). 5
Pompes de bois (fabricant de). 7

	Classes.
Pont (concessionnaire ou fermier de péage sur un). Voir le tableau B.	
Porcelaine (marchand de), en gros.	1
Porcelaine (marchand de), au détail.	5
Porcelaine (manufacture de). Voir le tableau C, troisième partie.	
Porces pour les papetiers (fabricant de).	6
Porteur d'eau filtrée ou non avec voiture ou cheval.	8
Portefeuilles (fabricant de), pour son compte.	6
Portefeuilles (fabricant de), à façon	8
Portefeuilles (marchand de).	6
Poterie (fabrique de). Voir le tableau C, deuxième partie.	
Poterie de terre (marchand de).	7
Potier d'étain.	6
Potier de terre ayant moins de cinq ouvriers.	8
Poudre d'or (fabricant-marchand).	6
Poudrette (marchand de).	5
Poulieur (fabricant).	6
Pressoirs (maître de), à manége.	6
Pressoirs (maître de), à bras.	8
Présurier.	6
Presseurs de poissons de mer.	4
Presseurs de sardines.	4
Produits chimiques (manufacture de). Voir le tableau C, troisième partie.	
Pruneaux et prunes sèches (marchand de), en gros.	4
Puits (maître cureur de).	8

140. Q.

Quincailleries (marchand de), en gros.	1
Quincailleries (marchand de), en demi-gros).	2
Quincailleries (marchand de), en détail.	4
Quincailleries (fabrique de). Voir le tableau C, troisième partie.	
Queues de billard (fabricant de), pour son compte.	6
Queues de billard (fabricant de), à façon.	7

141. R.

Ramonage (entrepreneur de).	6
Rampiste.	6
Raquettes (fabricant de) pour son compte).	7
Raquettes (fabricant de) à la façon.	8
Résine et autres matières analogues (marchand en gros de).	1
Restaurateur sur coche et bateau à vapeur. Voir le tableau C, cinquième partie.	
Restaurateur à la carte.	3
Restaurateur et traiteur à la carte et à prix fixe.	4
Restaurateur et traiteur à prix fixe seulement.	6
Receveur de rentes.	4
Registres (fabricant de).	4
Relais (entrepreneur de), même lorsqu'il est maître de poste.	5
Raisins et autres matières analogues (marchand en détail de).	5
Ressorts de bandage pour les hernies (fabricant pour son compte).	6
Ressorts de bandage pour les hernies (fabricant de), à la façon.	7
Ressorts de montres et de pendules (fabricant de), pour son compte.	6
Ressorts de montres et de pendules (fabricant de), à la façon.	7
Régleur de papier.	8
Réglisse (fabrique de). Voir le tableau C, deuxième partie.	
Regrattier.	7
Relieur de livres.	7
Remouleur ou repasseur de couteaux.	8
Rentrayeur de couvertures de laine ou de coton.	7
Reperceur.	8
Revendeuse à la toilette, pour son compte.	7
Rogues ou œufs de morue (marchand en gros de).	1
Rogues ou œufs de morue (marchand en détail de).	6

Classes.

Rôtisseur. 6
Roseaux (marchand de). 7
Rouettes ou harts pour lier les trains de bois (marchand de). 7
Rogneur de peaux. 8
Roulage (entrepreneur de). Voir le tableau B.
Rouleaux (tourneur de) pour filature. 8
Rubans pour modes (marchand en gros de). 1
Rubans pour modes (marchand en demi-gros de). 2
Rubans pour modes (marchand en détail. 4
Ruches pour les abeilles (fabricant de), pour son compte. 7
Ruches pour les abeilles (fabricant de), à la façon. 8

142.

S.

Sable (marchand de). 8
Sabotier (fabricant). 8
Sabots (marchand en détail de). 8
Sabots (marchand en gros de). 4
Sacs de toile (fabricant et marchand de). 6
Safran (marchand en gros de). 1
Safran (marchand en demi-gros). 4
Saleur d'olives. 5
Saleur de viande. 3
Salpêtrier. 6
Sangsues (marchand en gros de). 1
Sarraux ou blouses (marchand en gros de). 3
Sarraux ou blouses (marchand en détail de). 6
Savon (fabrique de). Voir le tableau C, deuxième partie.
Seaux à incendie (fabricant de). 5
Seaux ou baquets en sapin (fabricant de), pour son compte. 7
Seaux ou baquets en sapin (fabricant à la façon. 8
Sel (marchand en gros de). 1
Sel (marchand en demi-gros de). 2
Sel (marchand en détail de). 7
Sel (raffinerie de). Voir le tableau C, deuxième partie.
Sellier (carrossier). 3
Sellier (harnacheur). 5
Sellier (à la façon). 7
Scieur de long. 7
Scieries mécaniques. (Voir le tableau C, troisième partie.
Scies (fabrique de). Voir le tableau C, troisième partie.
Sculpteur en bois (fabricant pour son compte). 6
Sculpteur en bois (fabricant à la façon). 7
Serrurerie (marchand expéditeur d'objets de). 2
Serrurier (entrepreneur). 4
Serrurier (mécanicien). 4
Serrurier en voitures suspendues. 4
Serrurier non entrepreneur. 5
Socques (fabricant, marchand de) en bois. 7
Soie (marchand en gros de). 1
Soie (marchand en demi-gros de). 2
Soie (marchand en détail de). 3
Soies de porc ou de sanglier (marchand en gros de). 1
Soies de porc ou de sanglier (marchand en demi-gros de). 2
Soies de porc ou de sanglier (marchand en détail de). 5
Sondes (fabricant, marchand de). 4
Son, recoupe, remoulage (marchand de). 6
Soudes végétales, indigènes (marchand en gros de). 3
Soufflets (fabricant, marchand en gros de), pour les forgerons et les bouchers. 5
Soufflets ordinaires (fabricant et marchand de). 7
Souliers vieux (marchand de). 8
Spartéries pour modes (fabricant de). 5
Spartéries (fabricant, marchand d'objets de). 6
Sphères fabricant de). 6
Spectacles (directeur des). Voir le tableau C, deuxième partie.
Stucateur. 6
Sucre de betteraves (fabrique de). Voir le tableau C, quatrième partie.

Classes.

Sucre (raffinerie de). Voir le tableau C, quatrième partie.

Sucre brut et raffiné (marchand en gros de). 1

Sucre brut et raffiné (marchand en demi-gros de). 2

Sucre brut et raffiné (marchand en détail de). 5

Suif (fondeur de). Voir le tableau C, deuxième partie.

Suif fondu (marchand en gros de). 1

Suif fondu (marchand en demi-gros de). 2

Suif fondu (marchand de). 4

Suif en branches (marchand de). 4

Sumac (marchand de). 6

143

T.

Tabac (marchand dans le département de la Corse), en gros. 1

Tabac (marchand dans le département de la Corse), en détail. 6

Tabac en feuilles (marchand de). 1

Tabletterie (marchand de matière première pour la). 3

Tabletterie (fabricant d'objets à la façon). 7

Tabletterie (fabricant d'objets pour son compte). 6

Tabletier (marchand de). 6

Tableaux (restaurateur de). 7

Tableaux (marchand de). 5

Table-d'hôte (tenant une). 6

Taffetas gommé ou ciré (marchand de). 5

Taffetas gommé ou ciré (fabricant de). Voir le tableau C, deuxième partie.

Tambours, grosses caisses ou tambourins (fabricant de). 6

Tamissier (fabricant et marchand). 6

Tannerie de cuirs forts ou mous. Voir le tableau C, troisième partie.

Tan (marchand de). 6

Tapissier (marchand). 4

Tapissier à la façon. 6

Tapis de laine et tapisserie (marchand de). 4

Tapis peints ou vernis (marchand de). 5

Tapis peints ou vernis (fabricant. Voir le tableau C, 2me partie.

Tailleur (marchand avec magasin d'étoffes). 3

Tailleur (marchand d'habits neufs) 5

Tailleur sans magasin d'étoffes, fournissant sur échantillons. 5

Tailleur d'habits à la façon. 7

Taillandier. 5

Teinture (marchand en gros pour les matières premières). 1

Teinturier-dégraisseur pour les particuliers. 6

Teinturier en peaux. 6

Teinturier pour les fabricans et les marchands. Voir le tableau C, troisième partie.

Tête en carton servant aux marchands de modes (fabricant de) 8

Thé (marchand en gros). 1

Thé (marchand en demi-gros), 2

Thé (marchand au détail). 4

Tissage mécanique. Voir le tableau C, quatrième partie.

Tisserand. 8

Tissus de laine, de fil, de coton ou de soie (marchand en gros). 1

Tissus de laine, de fil, de coton ou de soie (marchand en demi-gros). 2

Tissus de laine, de fil, de coton ou de soie (marchand au détail). 3

Tireur d'or ou d'argent. 6

Toile cirée ou vernie (fabricant de). Voir le tableau C, deuxième partie.

Toile cirée ou vernie (marchand de). 5

Toile cirée ou vernie, métallique, (fabricant pour son compte). 5

Toile cirée ou vernie (fabricant à façon). 7

Toile grasse pour emballage (fabricant de). 7

Toiseur de bâtimens. 7

Toiseur de bois. 7

Tôle vernie (fabricant d'ouvrages en). 4

Tôle vernie (marchand d'ouvrages en). 5

Tôlier. 6

Classes.

Tondeur de draps et autres étoffes de laine. 7
Tonneaux (marchand de). 7
Tonnelier. 7
Tontine (société de). Voir le tableau C., deuxième partie.
Torches. 7
Tournerie de Saint-Claude (marchand expéditeur d'articles de). 3
Tourneur sur métaux. 6
Tourneur en bois (marchand vendant en boutique divers objets en bois faits au tour). 7
Tourneur en bois (fabricant sans boutique). 8
Tourteaux (marchand en détail). 6
Tourteaux (marchand fabricant). 3
Tourbe (marchand en détail). 8
Tourbe carbonisée. Voir le tableau C., deuxième partie.
Tourbe (marchand en gros). 4
Tourbière (exploitant de). Voir le tableau C, cinquième partie.
Traçons (maître de). 5
Transports de la guerre (entreprises générales de). Voir le tableau C, troisième partie).
Transports de la guerre (entreprises particulières par gîtes d'étapes). Voir le tableau C., troisième partie.
Transports de la guerre (entreprises particulières par division militaire). Voir le tableau C, troisième partie.
Transports militaires (entreprises des). Voir le tableau C., troisième partie).
Transports des tabacs (entreprises générales). Voir le tableau C, troisième partie.
Travaux publics (entreprises de). Voir le tableau C, cinquième partie.
Tréfileur, par procédés ordinaires. 7
Tréfillerie en fer ou laiton. Voir le tableau C, troisième partie.
Tripier. 7
Truffes (marchand de). 4
Tuiles (fabrique de). Voir le tableau C, deuxième partie.
Tuiles (marchand de). 6
Tuyeaux en fil de chanvre pour les pompes à incendie et les arrosemens (fabricant de). 4
Tule (marchand en détail). 4

144 U.

Ustensiles de chasse et de pêche (marchand de) 5
Ustensiles de ménage (marchand de vieux. 7

145. V.

Vaches ou veaux (marchand de). 4
Vaisselles et ustensiles de bois (fabricant marchand de). 7
Vanneries (marchand expéditeur). 4
Vannier (emballeur pour les vins). 5
Vannerie (marchand en détail). 6
Vannier (fabricant de vannerie fine). 6
Vannier (fabricant de vannerie commune). 8
Ventes à l'encan (directeur d'un établissement de). 1
Verrerie. Voir le tableau C, troisième partie.
Verres blancs et cristaux (marchand en gros). 1
Verres blancs et cristaux (marchand en demi-gros). 2
Verres blancs et cristaux (marchand en détail). 5
Verroterie et gobeleterie (marchand en demi-gros). 2
Verroterie et gobeleterie (marchand en détail). 6
Verres bombés (marchand de). 6
Verres à vitre (marchand de). 4
Vérificateur de bâtiments. 6
Vernisseur sur cuivre, feutre, carton et métaux. 6
Vidange (entrepreneurs de). 5
Vinaigre (marchand en gros). 1
Vinaigrier (en détail). 4

	Classes.
Vins (marchand en gros), vendant habituellement par pièces des vins ou paniers de vins fins, soit aux marchands au détail et aux consommateurs.	1
Vins (marchand en détail), vendant pour être consommé hors chez lui, soit au panier, soit à la bouteille.	4
Vins (voiturier, marchand de).	4
Vins (marchand en détail), donnant à boire chez lui, et tenant billard).	5
Vins (marchand en détail), donnant à boire, mais ne tenant pas billard).	6
Vignettes et caractères à jour (fabricant pour son compte).	6
Vignettes et caractères (marchand en boutique de).	6
Vignettes et caractères à jour (fabricant à façon).	8
Vis (manufacture par procédé mécanique). Voir le tableau C, troisième partie.	
Vis (fabricant par procédé ordinaire, à façon).	8
Vis (fabricant par procédé ordinaire, pour son compte).	6
Vitrier (en boutique).	6
Voilier (pour son compte).	3
Voilier (à façon).	6
Volailles truffées (marchand de).	4
Volailles ou gibier (marchand de).	6
Voiturier.	8

Voyageurs (les commis) des nations étrangères seront traités, relativement à la patente, sur le même pied que les commis voyageurs français qui voyagent chez les nations auxquelles appartiennent ces commis voyageurs. (Loi du 25 Avril 1844, art. 19).

§ XXI. — *Exemption du droit proportionnel.*

146. Sont exempts de droits proportionnels :

1° Les patentables des septième et huitième classes, *résidant dans les communes inférieures à 20,000 âmes.*

2° Les fabricants à métiers ayant *moins de dix métiers*, et ne travaillant qu'à la façon. (Loi du 25 avril 1844, tableau D, dernier paragraphe).

§ XXII. — *Nomenclature des exemptions aux droits de patente.*

147. Architectes (les) considérés comme artistes, et ne vendant pas le produit de leur travail.

Artistes (les) dramatiques.

Assurances (les) mutuelles régulièrement autorisées.

Associés en commandite.

Avocats (les) aux conseils.

Avocats (les).

Avoués (les).

Cantiniers (les) attachés à l'armée.

Capitaines (les) de navires, ne navigant pas pour leur compte.

Caisses (les) d'épargnes et de prévoyance administrées gratuitement, qui se trouvent dans les termes de la loi, et non celles qui se parent de ce titre dans un intérêt de lucre et de bénéfice individuel.

Chiffonniers (les) aux crochets.

Commissaires priseurs (les).

Commis (les) travaillant :

1° A gages ;

2° A la façon ;

3° A la journée.

Cultivateurs (les) et laboureurs seulement :

1° Pour la vente et la manipulation des récoltes et fruits, provenant de terrains qui leur appartiennent ou par eux exploités ;

2° Pour le bétail qu'ils y élèvent, qu'ils y entretiennent ou qu'ils y engraissent.

3° Tous ceux qui vendent en ambulance des objets non compris dans les exemptions déterminées par l'art. 13 de ladite loi ; mais tous les marchands sous échoppe ou en étalage, sont passibles de la moitié des droits que payent les marchands qui vendent les mêmes objets en boutique. Toutefois cette disposition n'est pas applicable :

1° Bouchers (aux) ;

2° Épiciers (aux) ;

3° Et autres marchands ayant un étal permanent, ou occupant des places fixes dans les halles et marchés. (Art. 13 et 14 de la loi.)

Docteurs (les) en médecine ou en chirurgie.

Dessinateurs (les).

Editeurs (les) de feuilles périodiques.

Ecrivains (les) publics.

Enfans (les) non mariés, travaillant avec leurs père et mère.

Femme (la) travaillant avec son mari.

Fonctionnaires (les) et employés salariés, en ce qui concerne seulement l'exercice de leurs professions ; soit :

1° Pour le gouvernement (l'État) ;

2° Pour les administrations départementales ;

3° Pour les administrations communales.

Garde-malades (les).

Graveurs (les), comme artistes ne vendant pas le produit de leur art.

Greffiers (les) des tribunaux et des administrations publiques.

Huissiers (les).

Huissiers porteurs de contraintes.

Instituteurs (les) primaires.

Institution (les chefs d').

Individus (les) qui vendent en ambulance dans les rues, dans les lieux de passage et dans les marchés :

1° Des fleurs ;

2° Des fruits ;

3° Des légumes ;

4° Des poissons ;

5° Du beurre ;

6° Des œufs ;

7° Des fromages ;

8° De l'amadou, des balais, des statues et figures en plâtre ;

9° Et enfin d'autres menus comestibles.

Manœuvres (les) simples dont le concours est indispensable à l'exercice de la profession.

Mines (les concessionnaires de), par le seul fait de l'extraction et de la vente des matières par eux extraites.

Notaires (les).

Officiers (les) de santé.

Ouvriers (les) travaillant chez les personnes :

1° A gages ;

2° A la façon ;

3° A la journée ;

4° Enfin ceux travaillant chez eux ou chez les particuliers, sans compagnon ni apprenti.

Nota. Le fait dominant est que chaque ouvrier travaillant pour le compte d'un fabricant ou marchand, qu'il se réunisse en compagnie de ses père et mère, *ou de tout autre individu*, dans le même local, par mesure d'économie de chauffage et d'éclairage, nul droit de patente ne peut être exigible.

Pêcheurs (les), même lorsque la barque qu'ils montent leur appartient.

Pension (les maîtres de).

Peintres (les), comme artistes ne vendant pas le produit de leur art.

Porteurs (les) d'eau à la bretelle ou avec voiture à bras.

Professeurs (les) de belles-lettres, sciences et arts d'agrément.

Propriétaires (les) ou locataires louant accidentellement une partie de leur maison personnelle, en se restreignant pendant un temps de courte durée:

1° Soit pour le temps des eaux;

2° Soit pour celui des foires;

3° Soit enfin pour toutes autres circonstances.

Propriétaires (les) de marais salans.

Remouleurs (les) ambulans.

Savetiers (les).

Sages-femmes (les).

Sculpteurs (les) exempts comme artistes, lorsqu'ils ne vendent pas le produit de leur art.

Vétérinaires (les).

Les commis et toutes les personnes travaillant à gages, à façon et à la journée, dans les maisons, ateliers et boutiques des personnes de leur profession, sont également exempts. (Loi du 25 avril 1844, art. 13.)

Les maris et femmes séparés de biens ne doivent qu'une patente, à moins qu'ils n'aient des établissemens distincts; auquel cas chacun d'eux doit avoir sa patente, et payer séparément les droits fixes et proportionnels. (Même loi, art. 15.)

Note de l'auteur. — On a vainement attaqué les systèmes d'exemption consacré par l'art. 13 de la loi, au point de vue même du gouvernement et de la commission, *illogique et injuste*, puisque certaines professions privilégiées sont admises à l'exemption, tandis que d'autres qui, par une analogie évidente, se rattachent incontestablement à ces professions, restent encore soumises à l'impôt de la patente. Considérée d'un point de vue général, la distinction entre les travailleurs n'est pas admissible. On ne peut concéder qu'il y ait des travaux qui honorent, qui élèvent l'homme, et qu'il y en ait d'autres, au contraire, qui le dégradent. Un impôt, quel qu'il soit, ne peut être blessant, si tout le monde le supporte. Il fallait donc généraliser, il fallait poser un principe qui, en échange de la protection que le gouvernement donne au travail, ait droit à une part dans le produit du travail, parce qu'à l'ombre de cette protection tutélaire, l'homme peut en toute sécurité développer les facultés qu'il a reçues du ciel, donner un libre essor à son génie, à son activité, accroître son bien-être et créer la richesse: la Chambre des Députés a consacré le système des exemptions.

Les Chambres ont voulu également exempter de la patente ceux qui, se restreignant dans leur habitation personnelle, pour louer pendant un tems de courte durée, soit pour le temps des eaux, soit pour le tems des foires, soit par suite d'autres circonstances.

Il en est ainsi des caisses d'épargnes et de prévoyance, mais il est bien entendu qu'il ne s'agit que des caisses d'épargnes et de prévoyance qui se trouvent dans les termes de la loi, et non de celles qui se parent de ce titre dans un intérêt de lucre et de bénéfice individuel.

DU TIMBRE ET DE L'ENREGISTREMENT.

Tarif des papiers timbrés, du droit d'enregistrement, des Amendes y relatives; des actes administratifs, publics, commerciaux, sous-seings privés, titres de noblesses, dispenses d'âge et de parenté pour mariage, armoiries des villes, et la nomenclature des actes des préfets, sous-préfets, maires, administrations communales et de bienfaisance qui sont sujets au timbre et ceux qui en sont exempts; timbres et cautionnemens des journaux et écrits périodiques.

(Ce sont ces éléments réunis qui composent cette partie dont la consultation peut être très-utile à ces divers fonctionnaires en leur évitant des recherches quelquefois infructueuses. — M. Guizot, ministre de l'intérieur, en 1830, disait à la chambre législative « que l'impôt qui pesait sur la pensée humaine était, de tous les impôts, le plus détestable ». Ce savant a changé d'opinion.)

CHAPITRE Ier.

Du papier timbré.

148. L'impot du timbre et de l'enregistrement ont été établis pour concourir aux charges de l'état, par les lois des 7, 11 et 18 Février, 17 Juin 1791, 30 Septembre 1797, 9 Vendémiaire an VI, 13 Brumaire, 6 Prairial an VII, 28 Avril 1816, 16 Juin 1824 et 2 Juin 1834.

Pour ce qui concerne le papier timbré, pour le commerce, le droit est proportionné à la somme exprimée sur chaque billet; celui destiné aux divers actes, soit publics, sous seings privés, pétitions et réclamations, sont soumis à une dimension, et chaque feuille porte le prix qui est dû.

§ Ier. *Du débit du papier timbré.*

149. Dans toutes les villes où il n'y a pas de receveurs de l'enregistrement, dans les villes dont la population est forte, il est établi, dans l'intérêt du trésor et du commerce, des bureaux auxiliaires de distribution; ils tiennent à la disposition du public, des papiers pour toutes sommes et de toutes dimensions, elle a lieu :

1° Par tous les receveurs de l'enregistrement;

2° Par les percepteurs des contributions directes, commissionnés, sur l'avis du receveur des finances d'où ils dépendent;

3° Par les débitants de tabacs;

4° Par diverses autres personnes que l'administration de l'enregistrement nomme.

Il est expressément défendu, à toutes ces personnes, de rien percevoir, ni rien exiger, sous aucun prétexte, *au-dessus* du prix exprimé sur chaque feuille, sous *peine de concussions;* l'administration leur alloue des remises sur les sommes qu'ils recouvrent dans l'intérêt du trésor. (Arrêtés du ministre des finances, 8 avril, 10 juin, 7 juillet 1836 et 21 mai 1841).

§ II. *Tarif du papier timbré*, art. **150**.

PRIX DU TIMBRE Pour billet, lettre de change, billet à ordre et obligations négociables.	PRIX DE CHAQUE BILLET.		PRIX DU TIMBRE Pour billet, lettre de change, billet à ordre et obligations négociables.	PRIX DE CHAQUE BILLET.	
Pour 300 f. et au-dessous	»f.	15c	de 9,000 à 10,000......	5	»
de 300 à 500......	»	25	de 10,000 à 11,000......	5	50
de 500 à 1,000......	»	50	de 11.000 à 12,000......	6	»
de 1,000 à 2,000......	1	»	de 12,000 à 13,000......	6	50
de 2,000 à 3,000......	1	50	de 13,000 à 14,000......	7	»
de 3,000 à 4,000......	2	»	de 14,000 à 15,000......	7	50
de 4,000 à 5,000......	2	50	de 15,000 à 16,000......	8	»
de 5,000 à 6,000......	3	»	de 16,000 à 17,000......	8	50
de 6,000 à 7,000......	3	50	de 17,000 à 18,000......	9	»
de 7,000 à 8,000......	4	»	de 18,000 à 19,000......	9	50
de 8,000 à 9,000......	4	50	de 19,000 à 20,000......	10	»

Au-dessus de 20,000 fr. et pour chaque 1,000 fr. en sus, 50 cent., sans fraction. (De la loi du 13 brumaire an VII, art. 11; 24 mai et 8 juin 1834, art. 18, et 20 juillet 1837.

PRIX DU TIMBRE Pour actes publics, sous-seings privés, pétitions, passeports, ports d'armes, placards, affiches et prospectus.	PRIX DE CHAQUE FEUILLE.
Demi-feuille petit papier	» f 35 c
Feuille petit papier	» 70
Feuille de moyen papier	1 25
Feuille de grand papier	1 50
Feuille de dimension supérieure (loi du 28 avril 1816, art 62)	2 »
PASSEPORTS.	
Passeport à l'intérieur	2 »
Idem à l'extérieur	10 »
PORTS D'ARMES ET DE CHASSE.	
Feuilles à port d'armes, (permis)	15 »
Plus pour les communes	10 »
PLACARDS, AFFICHES.	
Petites feuilles	» 5
Grandes feuilles	» 10
JOURNAUX.	
1° chaque feuille double ayant 30 décimètres carrés et au-dessus.	» 6
2° chaque feuille simple ayant 15 décimèt. carrés et au-dessous.	» 3
3° tout journal ou écrit périodique imprimé sur une demi-feuille depuis 15 à 30 décimètres carrés payera 1 centime en plus pour chaque 5 décimètres carrés	» 1
4° il ne sera perçu aucun droit pour fraction au-dessous de 5 décimètres carrés, *ni pour supplément qui n'excèdera pas* 30 décimètres carrés publiés par les journaux imprimés sur une feuille de plus de 30 décimètres carrés (loi des 14 et 15 décembre 1830, art. 2).	
THÉATRE.	
Affiches et annonces de théâtre	» f 10 c
ANNONCES DIVERSES.	
Annonces, la feuille	» 2 1/2
Annonces, le quart de feuille. (lois des 28 avril 1816, art. 65 et 66, et 14 décembre 1830, art. 2.)	» 1
NOTA. Il n'est point dû de droit de dixième en sus des sommes portées sur le présent tableau.	
LIVRES OU LIVRETS.	
Livres que tiennent les aubergistes, imprimeurs, messageries, roulage, horlogers, armuriers, droguistes, débitans de poudre, les commerçans, d'après les règlemens de police, par chaque feuille de grand registre	» 10
Petit papier, par feuille, (loi du 28 avril 1816, art. 72.)	» 5

§ III. *Droits pour obtenir le titre de noblesse*, art. 151.

DATES DES LOIS ET ORDONNANCES.	NATURE DE LETTRES PATENTES SCELLÉES.		DROIT DE SCEAU à la CHANCELLERIE.	DROIT d'enregistrement FIXÉ A 20 DU 100.
Charte 1830, art. 62.	Collation des titres de noblesse........		600f	120f
Lois des 28 avril 1816, art. 55, et 25 juin 1841, art. 27.	Renouvellement de lettres patentes portant confirmation du même titre, ou changement d'armoiries....................	Comte....	100	20
		Baron....	50	10
		Chevalier	15	5
Ordonnance du roi du 8 octobre 1814, art. 5.—Le roi peut modérer ou faire remise de ces sommes.	Duc, collation du titre de Duc..........		»»	3,000
	Collation du titre héréditaire de............	Marquis et Comte	6,000	1,200
		Vicomte...........	4,000	800
		Baron..............	3,000	600
		Chevaliers........	60	12
Code Civil, art. 144 et 145; arrêt du Conseil-d'État du 7 mai 1808.	Grande lettre de naturalisation..........		gratis.	
	Lettre de déclaration de naturalité......		100	20
	Lettre portant autorisation de se faire naturaliser ou de servir à l'étranger.......		500	100
	Pour la réintégration dans la qualité de Français....................................		600	»»
Loi du 28 avril 1816.	Dispenses d'âge pour mariage............		100	20
Ordonnance du roi du 8 octobre 1814.	Dispenses de parenté pour mariage......		200	40
Loi du 15 mai 1818, art. 77, et du 25 juin 1841, art. 27.	Dispenses d'âge pour mariage des personnes indigentes............................		gratis.	

§ IV. *Armoiries des Villes.*

152. L'usage des armoiries ne paraît pas remonter au-delà du Xe siècle, et elles ne sont fixées héréditairement qu'au XIVe siècle, ainsi qu'on le voit par les lettres patentes de Charles VII, du 17 juin 1447.

153. Elles furent supprimées par un décret du 23 juin 1790; plus tard, sous le régime impérial, on les vit reparaître, et sous la restauration, l'art. 71, de la charte de 1814 consacra implicitement la reprise des armoiries; enfin une ordonnance du 21 Octobre, rendit aux villes celles des armoiries qu'elles possédaient autrefois, et le roi se réserva d'en accorder de nouvelles.

154. Depuis la charte 1830, il a été accordé des armoiries aux villes, ainsi que des titres de noblesse, aucune loi n'ayant aboli l'art. 71 de la charte de 1814, ni les ordonnances rendues antérieurement à 1830.

Art. **155**.

DATES DES LOIS ET ORDONNANCES.	NATURE DES LETTRES PATENTES SCELLÉES.	DROIT DE SCEAU à la CHANCELLERIE.	DROIT d'enregistrement FIXÉ A 20 DU 100
Loi du 28 avril 1816, art. 55; ordonnance du roi du 26 décembre 1814.	Lettres portant renouvellement d'anciennes armoiries des villes :		
	Pour les villes de première classe........	150f	30f
	Pour les villes de deuxième classe......	100	20
	Pour les villes de troisième classe.......	50	10
	Lettres accordant des armoiries aux villes qui n'en ont pas et qui en demandent :		
	Pour les villes de première classe.......	600	120
	Pour les villes de deuxième classe.......	400	80
	Pour les villes de troisième classe.......	200	40

156. Une ordonnance du Roi, du 7 octobre 1818, porte qu'il sera perçu les mêmes droits pour institution de Majorats, de Marquis et de Vicomte que pour ceux de Comte et de Baron.

§ V. *Tarif des brevets d'invention ou de perfectionnement.*

157. Les brevets sont de *cinq*, *dix* ou *quinze ans* (loi du 5 juillet 1844) :

1° Pour cinq ans (minimum des brevets)... 500 francs.
2° Pour dix ans idem ... 1,000 »
3° Pour quinze ans idem ... 1,500 »
(Loi du 5 juillet 1844, art. 4.)

158. Cette taxe se paye par annuité de 100 francs ; il y a déchéance si le breveté laisse écouler un terme sans l'acquitter. (Loi du 5 juillet 1844.)

Nota. Les préfets, dans leur département respectif, font proclamer, par voix publique, les brevets d'invention accordés par le gouvernement aux citoyens qui les ont réclamés et qui résident dans leur département. (Loi du 7 janvier 1791, art. 12.)

Les droits de sceaux, pour chaque brevet d'invention, à payer au conseil du sceau et titre (loi du 25 juin 1841, art. 27) est de 20 francs.

§ VI. *Cautionnement pour les journaux.*

159. Le cautionnement que les propriétaires de tout journal ou écrit périodique sont tenus de fournir, est versé en numéraire au trésor public, qui en paye l'intérêt. (Loi du 9 septembre 1835, article 13.)

A Paris, le coût de ce cautionnement est fixé comme il suit :

1° Le journal ou écrit périodique *paraissant plus de deux fois* la semaine. . . . . 100,000 fr.

2° Si le journal ou écrit périodique ne paraît *que deux fois* la semaine. . . . . 75,000 fr.

3° Si le journal ou écrit périodique ne paraît *qu'une fois* la semaine. . . . . 50,000 fr.

4° Si le journal ou écrit périodique parait *plus d'une fois par mois*. . . . . 25,000 fr.

Le cautionnement des journaux quotidiens *publiés dans les départemens* autres que ceux des départemens de la *Seine*, *Seine-et-Oise*, *Seine-et-Marne*, sera :

1° Pour les villes de 50,000 âmes et au-dessus. 25,000 fr.

2° Pour les villes au-dessous de 50,000 âmes. 15,000 fr.

3° Pour les journaux ou écrits périodiques qui paraissent à des termes moins rapprochés, pour les villes au-dessus de 50,000 âmes. . . . . 12,500 fr.

4° Pour celles au-dessous de 50,000 âmes. . 7,500 fr.

(Loi du 9 septembre 1835, art. 14.)

160. La portion du cautionnement versé par le gérant d'un journal ou écrit périodique, pour sa quote part à lui appartenant, doit être *du tiers au moins ;* il est saisissable par ses créanciers, comme toutes autres sommes. (Loi du 9 septembre 1835, art. 14.

161. Le gérant d'un journal est tenu de signer en minute chaque numéro de son journal, sous peine d'une amende de 500 à 3000 fr. (Lois des 18 juillet 1828, art. 8, et 9 septembre 1835, article 16.)

NOTA. Les presses françaises ont imprimé, dans le courant de 1843, en feuilles d'impression, 210,101,619.

Nomenclature générale des actes de toutes natures des diverses administrations publiques qui sont soumis au timbre, et ceux de ces actes qui en sont exempts, en vertu, soit des lois, arrêtés ou décisions du ministre des finances.

CHAPITRE II.

Actes sujets au timbre.

162. Abonnement aux journaux (prix de l'année) payé par les communes.

Acte. L'on ne peut en faire deux sur une même feuille, sauf les exceptions prononcées par la loi.

Acte administratif portant transmission de propriété, de jouissance, ou adjudication, marchés et autres, sujets à l'enregistrement. (Art. 78 de la loi du 15 Mai 1818).

La minute peut être rédigée sur papier de toute dimension; l'expédition est passible du droit de 1 fr. 25.

Acte de cautionnement.

Acte de l'état civil et tables annuelles.

Pour tables décennales, des expéditions pour la préfecture et les communes.

Pour extrait en toute matière.

Adjudication ou marché de toute nature, aux enchères, au rabais, ou sur soumissions, sujet à l'enregistrement.

Pour devis de travaux ou de fournitures.

Pour cahier de charges séparé du procès-verbal de l'adjudication.

Pour procès-verbal de réception.

Affiches annonçant des adjudications ou marchés pour les départemens, arrondissemens, communes ou établissemens publics. (Décision du Conseil d'état du 18 septembre 1834).

Pour chaque feuille, quoique collée, y assujétie. (Décision du 19 Mars 1835).

Affiches de publication de bans de mariage.

Pour certificats de cette publication.

Affouage (quittance d'), remise en paiement. (Décision du 30 Décembre 1831).

Agens (commissions d') sujets au serment.

Agens de police. Traitement au-dessus de 300 fr. seulement.

Alignement sur la voie publique, l'arrêté qui le fixe.

Amendes. Les receveurs sont seuls passibles des amendes, sauf leur recours. (Décision du 16 Février 1835).

Actes non sujets au timbre.

Abattage d'arbres. Déclarations faites par le propriétaire de bois.

Actes (tous les), arrêtés et décisions des autorités administratives non dénommés dans l'article 78, loi du 15 mai 1818, *sont exempts* du timbre sur la minute, et également de l'enregistrement, tant de la minute que sur l'expédition; toutefois, cette disposition n'est applicable qu'aux *individus indigens*, et à la charge d'en faire mention sur chaque expédition; quant aux autres parties, elles ne pourront être délivrées que sur papier timbré. (Loi du 15 mai 1818, article 80.)

Acte de pure administration.

Pour table décennale, des expéditions pour le tribunal.

Pour extraits pour enrôlement militaire, ou pour service public.

Affiches émanées de l'autorité publique.

Arbres (Destination d'abattage d'), passé par les propriétaires de bois.

Arrêtés des Ministres.

Idem des autorités de pure administration.

Idem rendus sur compte de receveur de deniers communaux, etc.

Idem pour être notifiés administrativement.

Idem du Conseil de préfecture, autorisant à radier ou restreindre une inscription hypothécaire de commune ou établissement public.

Idem du préfet autorisant main-levée, ou limitation d'une inscription hypothécaire au profit de l'Etat.

Idem du préfet, portant liquidation de capitaux de rentes à rembourser aux communes ou aux établissemens publics.

Idem pour expédition pour le receveur.

Idem du préfet, autorisant l'acceptation de dons et legs de 300 fr. et au-dessous.

Bourses payées par l'Etat ou les communes, aux colléges, séminaires et écoles normales; mandats de bourses, si l'état est quittancé.

APPROBATION. Les actes qui en ont besoin pour être valides, peuvent n'être soumis au timbre qu'après qu'ils en sont revêtus. (Décision du 19 Décembre 1835).

ARCHIVES. Expédition des registres, titres et papiers déposés dans les différentes archives.

ARRÊTÉS pour expédition réclamée par le comptable.

Idem d'alignement sur la voie publique.

Idem pour l'expédition.

Idem pour expédition pour la partie à remettre au conservateur.

Idem pour expédition si la quittance est notariée.

Idem pour expédition. (Décision du 1er Avril 1836).

AVOCATS. Pour les consultations qu'ils délivrent aux cliens.

BANCS et chaises des églises des adjudications et baux.

BANS de mariage (publications et affiches de la mairie).

Idem. Certificats de publications de bans.

BAUX à ferme ou à loyers de toute nature.

BESTIAUX. Quittance des taxes sur les bestiaux mis à la pâture commune.

BIBLIOTHÉCAIRE. Mandat de traitement au-dessus de 300 fr.

BIENS communaux. Baux à ferme ou à loyer.

Idem. Quittancé de taxe sur les bestiaux pâturant sur les biens communaux, quelle que soit la somme.

BOURSES pour état nominatif des boursiers, quittancé ou non. (Décision du 7 Octobre 1809).

BREVETS ou commission d'agens ou surnuméraires sujets à serment.

Idem pour l'expédition de cet acte de dépôt délivré par le secrétaire-général.

BUREAUX de Bienfaisance. Subvention des communes, (Décision du 31 Mars 1824).

Idem pour pièces de dépenses, factures, mémoires, mandats et comptes.

Cahier des charges de travaux ou fournitures.

CAUTIONNEMENT pour marchés et adjudications.

CERTIFICAT délivré dans un intérêt privé.

Brevets d'invention. Acte de dépôt de pièces à la préfecture.

Cahier des charges de travaux ou fournitures.

Caisse de service. Dépôt, remboursement et quittance d'intérêts.

Idem d'épargne. Quittance de dépôt ou de retirement de fonds.

Carence. Procès-verbaux de carence rédigés par les maires ou les agens de poursuites, pour constater l'insolvabilité des débiteurs de l'Etat.

Centimes communaux. Quittances des receveurs municipaux.

Certificat de vie aux pensionnaires de l'Etat. (Décision du 20 décembre 1834.)

Idem d'indigence en toute circonstance.

Idem d'insolvabilité des débiteurs de l'Etat.

Idem pour enrôlemens militaires.

Idem des officiers de l'état-civil, à présenter aux ministres des cultes, pour mariages.

Idem pour établir les registres matricules du corps.

Idem délivrés par les percepteurs, en exécution de l'article 420 du Code d'instruction criminelle, et de l'article 213 de la loi du 21 mai 1827.

Chemins. Quittances des indigens employés sans entrepreneurs ni fournisseurs. (Décision du 9 octobre 1835.)

Quittances de cotes de prestation en nature.

Cloches. Sonneur, traitement de la fabrique, au-dessous de 300 fr.

Comptes de gestion des receveurs des communes et établissemens publics et religieux. (Décision du 3 juillet 1822.)

Idem. Arrêt de la Cour des comptes.

Idem. Arrêtés des conseils de préfectures et de sous-préfectures, portant réglement de comptes. (Décision du 12 septembre 1823.)

Idem. Expédition de ces arrêtés portant exécutoire. (Décision du 5 octobre 1824.)

Chaise, bancs et tribunes, baux, adjudications et concessions.

Chapelains. Traitement au-dessus de 300 fr.

Quittances de secours accordés par l'État ou le département, même pour ateliers de charité. (Décision du 9 Octobre 1839).

Quittances de matériaux.

Quittances pour salaire du préposé à la petite voirie, au-dessus de 10 fr.

Cloches. Quittances du sonneur de la cloche communale, au-dessus de 10 fr.

Colléges. Registres de recettes et de dépenses, mémoires et quittances.

Idem pour états nominatifs de boursiers. (Décision du 17 Mars 1828).

Commissaire de police. Traitement au-dessus de 300 fr.

Commissions d'agens-comptables ou fonctionnaires sujets à serment.

Commissionnaires. Traitement au-dessus de 300 fr.

Comptes. Expédition à rendre aux comptables pour leur décharge. (Décision du 17 Octobre 1809).

Le timbre est à la charge de la commune ou de l'établissement.

Idem. Expédition ou extrait demandé par le comptable. (Décision du 17 juin 1826).

Contravention. Elle est constatée par procès-verbal; elle existe quand on écrit sur l'empreinte du timbre.

Les numéros d'ordre d'un répertoire placés sur l'empreinte, ne constituent pas une contravention.

Elle se prescrit par deux ans, à compter du jour où les agens ont été mis à même de la constater; mais l'amende ne se prescrit que par trente ans. La demande en restitution d'amende ne peut être faite après deux ans.

Taxe sur les bestiaux envoyés au pâturage commun.

Curé, desservant ou vicaire. Supplément de traitement payé par la fabrique ou la commune quand il excède 300 fr. (Décision des 16 Février 1835 et 10 Juin 1837).

CONSCRIPTION. Tous actes à produire pour dispenses, en vertu des articles 14 et 15 de la loi du 10 mai 1818.

CONTRIBUTIONS directes ou extraordinaires, quittance. (Décision du 18 mai 1822.)

Prestation en nature.

Pétition pour contributions, demandes en décharge, remises ou modérations, au-dessous de 30 fr.

DÉCISION de pure administration.

DÉCLARATION de défrichement ou d'abattage d'arbres.

DÉFRICHEMENT, déclaration, (article 319 du Code forestier).

DÉLIBÉRATIONS des corps constitués.

Idem. D'un conseil de famille pour enrôlement militaire d'un mineur.

Idem. Dépôt aux Chambres de Commerce, d'extraits de contrats de mariage, de commerçans et de jugemens de séparations de biens.

DONS et legs, ordonnance royale autorisant l'exception.

Idem. Arrêté du préfet aux mêmes fins, pour les dons et legs de 300 fr. et au-dessous.

ECOLES. Secours pour construction, acquisition de maison d'école et ameublement. (Décision du 9 Octobre 1835.)

ECROU. Registre d'écrou pour les accusés et condamnés.

ENFANS trouvés en toute circonstance. (Décision du 30 janvier 1834 et 12 mars 1841.)

Idem. Même les certificats des maires constatant la moralité et bonnes-mœurs des femmes qui prennent des enfans trouvés pour les nourrir. (Décision des ministres de l'intérieur et des finances, du 15 février 1841.)

ENGAGEMENT militaire, toutes pièces à produire.

Idem. Délibération d'un conseil de famille pour l'engagement d'un mineur.

ETATS. Mandats de ce traitement.

Idem. Mandats de paiement si l'état est quittancé.

EXPÉDITION. A des indigens, à charge d'en faire mention.

Idem. Qui autorise les communes et les établissemens à recevoir des capitaux de rentes, si le débiteur se contente d'une simple quittance.

CURÉ. Indemnité de logement ou remboursement de loyer. (Même décision).

DÉCISION. Expédition délivrée dans un intérêt particulier.

DESSERVANS. Supplément payé par la fabrique ou la commune quand il excède 300 fr. (Décision du 16 Février 1835 et 10 Juin 1837).

Idem. Indemnité de logement ou remboursement de loyer. (Même décision).

DEVIS de travaux ou de fournitures.

DISPENSE du service militaire. (*Voy*. Conscription.)

DONS. Expédition. (Décision du 1er Février 1836).

DOT. Quittance de dot payée à des rosières par l'Etat ou la commune. (Décision du 17 Octobre 1809).

ECOLES primaires, traitemens payés aux instituteurs et institutrices, et s'élevant avec les rétributions des élèves à plus de 300 fr. (Décision du 27 Septembre 1834).

Idem. Loyer d'école ou indemnité de logement. (Décision du 27 Septembre 1834.)

Idem. Subvention payée par l'Etat ou le département. (Décision du 9 Octobre 1835).

ÉCROU. Registre d'écrou pour les détenus en matière civile.

ÉGLISES. Baux, adjudications et concessions de bancs et chaises dans les églises.

EMPREINTES du timbre : il y a contravention si on écrit sur l'empreinte du timbre ; il n'y en a pas s'il ne s'agit que des numéros d'ordre d'un répertoire.

ENCOURAGEMENT aux gens de lettres, savans et autres.

ENTRETIEN de biens ou d'objets des communes et établissements.

ÉTABLISSEMENS publics, mandats de subventions.

Idem. Pièces de dépenses, mémoires, factures, registres, comptes et mandats.

ETATS d'émargemens et de traitemens d'employés.

Idem nominatifs d'élèves-boursiers des colléges, séminaires, écoles normales.

EXPÉDITION. Le format du papier de 1 fr. 25 c. est indispensable.

Idem. Elle peut être transcrite en marge des mémoires et pétitions.

Expédition de l'arrêté de la Cour des comptes.

Idem de l'arrêté du conseil de préfecture.

Idem portant réglement de compte et notifiée administrativement.

Idem d'arrêtés de préfets, autorisant l'acceptation de legs et dons d'objets mobiliers n'excédant pas 300 fr.

Idem des arrêtés des préfets qui accordent l'autorisation aux communes de vendre, acheter ou louer, lorsqu'elles sont transmises par le préfet au maire, avec mention de cette destination. (Lois des 13 brumaire an VII, article 16, 15 mai 1818, articles 72, 78 et 80; arrêt du Conseil d'état, du 22 août 1840.)

Idem pour le greffe du Tribunal.

Idem des arrêtés timbrés en minute pour être soumis à l'autorité supérieure.

Idem de tous actes demandés par les autorités civiles et judiciaires.

Idem des décisions des Conseils de préfecture, en matière de contributions directes, demandées par les contribuables (loi du 26 Mars 1831).

Idem d'ordonnances royales ou d'arrêtés et décisions des Ministres.

Registres de toutes espèces (décret du 30 décembre 1809).

Factures (les) au-dessous de 10 fr., à charge de détailler les objets dans le mandat (décision du 20 décembre 1834).

Gardes nationales. Indemnités aux majors, adjudans-majors et adjudans-sous-officiers, et solde des tambours (décision du 14 Septembre 1832).

Indigens. Salaires des indigens employés aux travaux de charité, sans entrepreneurs ni fournisseurs (décision du 9 octobre 1835).

Idem. Expéditions d'actes d'administration, à charge de faire mention de l'indigence.

Inhumation. Permis d'inhumation délivré par l'officier public.

Insolvabilité. Certificats d'insolvabilité délivrés par les maires.

Expédition délivrée à des particuliers.

Idem d'arrêtés qui renvoie des fabriques d'église en possession de biens de leur ancienne dotation.

Idem si la quittance doit être notariée.

Idem des déclarations de propriétaires renonçant à leur propriété pour s'exempter du paiement de l'impôt.

Idem de jugement, d'adjudication, de marché, de traités de toute nature délivrés aux receveurs par les greffiers, secrétaires, etc.

Idem demandée par le comptable.

Idem des comptes des receveurs pour être déposée aux mairies (décision du 3 Janvier 1822).

Idem délivrée par les Chambres des notaires, avoués et huissiers, dans un intérêt privé.

Idem des arrêtés du préfet, lorsque le maire en fait usage, soit en les produisant à l'occasion des ventes, acquisition, ou locations faites au nom de la commune, soit en la mentionnant dans lesdits actes.

Idem des devis, cahiers de charges, d'adjudication, et marchés délivrés aux adjudicataires et comptables.

Idem des cahiers de charges et procès-verbaux, d'actes de vente de biens de l'Etat, des départemens, des communes et des établissemens publics, délivrés aux acquéreurs et aux receveurs.

Idem des actes de dépôt de pièces pour brevets d'invention, délivrée par les secrétaires-généraux des préfectures.

Idem des jugemens des Conseils de discipline, délivrée aux avocats qui les requièrent.

Idem des arrêtés des préfets et sous-préfets agréant des gardes particuliers.

Idem des soumissions, adjudications et arrêtés concernant les travaux exécutés par les prisonniers.

Idem des actes de l'état civil, délivrée aux particuliers et aux établissemens publics.

Idem des tables décennales pour la mairie et la préfecture.

Idem de tous registres, titres et papiers déposés aux différentes archives.

Expertise (frais d'), en toute matière, payée par les communes.

INSOLVABILITÉ. Procès-verbal de carance dressé par les agens des contributions.

Idem. Certificats délivrés par les percepteurs, en exécution de la loi du 21 mai 1827, article 213, et de l'article 420 du Code d'instruction criminelle.

INSTITUTEURS. Mandats de retenue du 20me du traitement fixe pour la caisse d'épargnes (décision du 20 décembre 1834.)

INTÉRÊTS de fonds placés à la caisse de service du trésor public.

JUGEMENS ou actes relatifs à la navigation du Rhin. (Loi du 21 avril 1832, art. 11.)

LEGS et dons, ordonnance autorisant l'acceptation.

Idem. Arrêté du préfet aux mêmes fins, pour objets mobiliers n'excédant pas 300 fr. (minute.)

LETTRES patentes du roi, portant dispense d'âge pour mariage des personnes indigentes. (Loi du 15 mai 1818, article 77.)

LISTE civile. Certificats délivrés aux pensionnaires de l'ancienne liste civile, réputés indigens, pour constater leurs besoins ou leur existence. (Décision du 20 décembre 1834.)

LIVRE. Journal à souche, pour contributions directes.

LIVRET des caisses d'épargnes.

MAIRES. Certificats d'indigens.

Idem. pour enrôlemens militaires.

MANDATS. Les mandats comme pièces d'ordre et d'administration. (Décision du 17 octobre 1809.)

Idem. Mandats appuyés de mémoires ou factures quittancés, ou d'états émargés et timbrés. (Même décision.)

Idem. Mandats de salaire aux indigens employés aux travaux de charité, sans entrepreneurs ni fournisseurs.

Idem. Mandats pour pertes ou pour secours effectifs.

MILITAIRES. Tous actes de l'état civil et autres produits pour engagemens, ou pour établir le registre matricule des corps.

Idem. Tous actes à produire par les veuves et enfans, afin de liquidation de pension ou de secours. (Décision du 27 octobre 1809).

EXPROPRIATION pour cause d'utilité publique ou communale; les actes sont visés pour timbre, gratis. (Loi du 7 Juillet 1833).

FABRIQUES d'églises, subvention communale (décision du 31 Mars 1833).

Registres des adjudications, marchés, fournitures, loyers de bancs et chaises (art. 78 de la loi du 15 Mai 1818).

Comptes doubles à délivrer au trésorier pour décharges de sa gestion. (Décision du 12 Mars 1827).

Quittances, factures, mémoires au-dessus de 10 francs. (Même décision).

FACTURES et mémoires de fournitures sur adjudication, marché ou pour économie, quittancés. (Décisions du 8 Août 1818, 24 Mai 1819 et 10 Décembre 1827).

FERMAGES et loyers. Toutes quittances en recevant ou en payant au-dessus de 10 fr.

FILLES vertueuses. Mandats de dot payés par l'Etat ou les communes.

FOURNITURES sur adjudication, marché ou par économie, mémoires et factures quittancés.

Idem. Mandats, si la facture n'est pas quittancée. (Décision du 31 Mars 1824).

FRAIS de bureau, par abonnement, payés aux maires, sur mandats. (Décision du 31 Mars 1824).

FACTURES et mémoires de frais de bureau, si le maire les fait payer directement aux fournisseurs.

FRAIS d'expertise payés par les communes et les établissemens, pour toutes sommes au-dessus de 10 fr. et en toutes matières.

GARDES champêtres, mandats pour traitemens annuels au-dessus de 300 fr.

Commission ou acte de nomination de garde-champêtre.

GARDES forestiers des communes, comme les gardes champêtres.

Idem. Factures y relatives, mémoires de fournitures. (Décisions du 21 Mars 1828 et 28 Août 1834).

Idem. Quittances pour les objets de fournitures, si elle n'est pas donnée sur facture. (Même décision).

Militaires libérés du service, se présentant comme remplaçans; congés, certificats et toutes pièces à produire. (Décision spéciale du 28 avril 1835.)

Mont-de-Piété. Registres, actes, ventes, quittances, comptes, etc. (Décision spéciale des Ministres des finances et de l'intérieur.)

Mercuriales que les maires fournissent aux sous-préfets et préfets.

Octrois. Quittances payées en déduction de la contribution mobilière.

Ordonnances royales, même dans un intérêt privé, communes ou établissemens publics.

Passe-ports d'indigens, forçats, condamnés libérés et vagabonds.

Patentes. Quittances des attributions revenant aux communes sur droit de patentes.

Pensions militaires. Tous actes à fournir par les militaires, leurs veuves ou enfans, pour pensions ou secours (décision du 27 octobre 1809).

Permis d'exploiter des affouages délivrés aux communes, dans leurs bois.

Idem délivrés aux usagers dans les bois de l'état.

Idem d'inhumer, délivrés par l'officier public.

Idem de marier, ou certificat de mariage civil à présenter aux Ministres des cultes.

Prestations en nature, quittance de cote de prestation pour chemins vicinaux.

Procès-verbal. Lorsque les frais sont à la charge de l'Etat, ils sont visés pour timbre (gratis.)

Idem de carance, rédigé par les agens des contributions, ou les huissiers agissant à défaut de porteurs de contraintes.

Prospectus, catalogues d'objets relatifs aux sciences et arts. (Loi du 15 mai 1818, art. 83.)

Projets soumis à l'approbation de l'autorité supérieure.

Quittances de contributions ordinaires et extraordinaires de toute nature.

Récépissés de versemens dans les caisses des receveurs des finances.

Gardes particuliers. Expédition de l'arrêté du préfet qui les agrée.

Horloges. Salaire de celui qui remonte et entretient les horloges communales.

Hospices. Mandats de subvention communale. (Décision des 31 Mars 1824 et 17 Août 1827).

Idem. Mandats, comptes et pièces de dépenses.

Incarcérations (registres des), qui ont lieu en vertu de l'art. 79 du Code de procédure civile.

Indigens. Expéditions d'actes de l'état civil délivrés aux indigens.

Instituteurs communaux, traitement fixe réuni aux rétributions payées par les élèves, et excédant 300 fr.

Idem. Loyer d'école ou indemnité de logement.

Idem. Supplément de traitement et encouragement.

Journal de recettes et de dépenses. Le timbre de ce livre et celui du compte sont à la charge de la commune ou de l'établissement.

Journaux, quittance d'abonnement au-dessus de 10 fr. (Décision du 17 Octobre 1809.)

Legs. Expédition pour établissement légataire.

Lettres d'avis des Ministres et directeurs-généraux, portant mandats.

Logemens. Prix du loyer ou indemnité de logement à tout fonctionnaire ayant un emploi laïque et ecclésiastique.

Loyers et fermages. Toutes quittances, en recevant ou en payant, au-dessus de 10 fr. chaque fois.

Mandats portant quittance au-dessus de 10 fr. ou traitemens excédant 300 fr. (Décision du 17 Octobre 1809).

Mariages. Publications des bans de mariages.

Idem. Certificats de publication de bans de mariages.

Matériaux. Quittances de matériaux.

Mémoires de fournitures excédant 10 fr.

Idem des honoraires dus aux notaires, avoués, avocats et autres, par les communes et établissemens.

Messagers. Traitement annuel excédant 300 fr.

Mesurages. Registre du prix des grains tenu par les adjudicataires du droit de mesurage.

Receveurs. Arrêt de la Cour des comptes et arrêté du Conseil de préfecture ou de sous-préfecture, portant règlement de comptes des receveurs.

Idem signifiés administrativement.

Registres pour délibérations, comptabilité et autres actes d'ordre et d'administration publique.

Idem. Tables décennales des registres, expéditions pour le Tribunal.

Idem en matière correctionnelle, criminelle, sans parties civiles.

Idem des fabriques des églises (décret du 30 décembre 1809.)

Idem des monts-de-piété (décision spéciale des Ministres des finances et de l'intérieur.)

Idem des mercuriales, tenus dans les mairies.

Idem des voitures publiques, pour l'inscription des voyageurs.

Idem des Conseils de prud'hommes.

Idem des mairies, pour recevoir le dépôt des signatures et paraphes des notaires.

Idem du journal à souche et livres récapitulatifs pour contributions directes.

Idem des ministres des cultes.

Idem des notaires certificateurs pour l'inscription des certificats de vie des pensionnaires et rentiers de l'Etat.

Idem des préposés aux ponts à bascule.

Idem des greffiers de justice de paix, pour inscrire leurs avances.

Idem des mairies pour déclarations de domicile.

Idem des caisses d'épargnes.

Soldats libérés du service militaire se présentant comme remplaçans, certificats, congés, pièces et actes de l'état civil à produire. (Décision du 28 avril 1835.)

Rentes sur l'état, quittance d'arrérages ou du produit de l'aliénation.

Retenues. Quittance de retenue sur le traitement des instituteurs, pour la caisse d'épargnes.

Rôles de contributions directes et extraordinaires.

Militaires. Actes pour servir au remplacement.

Minutes d'actes. Elles peuvent être rédigées sur timbre de toutes dimensions, depuis 35 c. jusqu'à 2 fr.

Nominations d'employés, agens, etc.

Notaires. Mémoires d'honoraires dus par les communes et établissemens.

Passe-ports à l'intérieur, droit 2 fr.

Idem à l'étranger, droit 10 fr.

Pâturage. Quittances de taxe sur les bestiaux mis au pâturage sur les biens communaux. (Décision du 30 Décembre 1831).

Pensions. Tous actes produits afin de liquidation de pensions civiles.

Pétitions présentées aux autorités, sur tout format, de 35 cent. à 2 fr.

Idem en matière de contributions directes et extraordinaires, pour cotes au-dessus de 30 fr. (Loi du 21 Avril 1832).

Police. Traitemens des commissaires de police et agens, au-dessus de 300 fr.

Préposés à la petite voirie, quittance de salaire au-dessus de 10 fr.

Procès-verbal en contravention en matière de timbre, ne peut être constaté que par procès-verbal des agens de l'enregistrement. Il ne peut y être suppléé.

Idem d'expertise, en toute nature.

Procuration pour recevoir des sommes, mandats, au nom d'un créancier.

Professeurs. Traitement au-dessus de 300 fr.; états d'émargement.

Projets s'ils restent séparés du procès-verbal d'adjudication.

Publicateur, salaire au-dessus de 300 fr.

Publications de bans de mariages, affiches.

Quittances sur mandats, mémoires ou factures, au-dessus de 10 fr.

Idem de comptes ou de solde, de sommes excédant 10 fr., quoique exprimant une somme inférieure.

Roles de pâturage des bestiaux. (*Voyez* Quittance.)

Idem de prestation en nature.

Idem de secours à domicile.

Sapeurs-pompiers. Gratification aux sapeurs-pompiers. (Décision du 21 décembre 1830.)

Secours à des indigens, à des veuves et enfans de militaires.

Idem aux contribuables sur fonds de non-valeur pour grêle, incendie, inondation, épizooties.

Idem sur les fonds des ministères du commerce et de l'intérieur.

Service militaire, expédition d'actes de l'état civil, certificats produits pour enrôlement.

Soldats libérés du service, se présentant comme remplaçant: toutes pièces produites. (Décision du 28 avril 1835.)

Tables ou expéditions pour le greffe du tribunal.

Traitement. Mandats de traitemens appuyés d'un état émargé.

Travaux. Cahier des charges ou projets pour être soumis à l'approbation.

Idem de charité, sans entrepreneur ni fournisseur. (Décision du 9 octobre 1835.)

Trésor public. Quittance d'intérêts ou de retiremens de sommes placées à la caisse de service du trésor public.

Vaccinateurs. Indemnité éventuelle aux vaccinateurs.

QUITTANCES de partie de traitement annuel au-dessus de 300 fr.

Idem de frais d'entretien de l'horloge communale, et de salaire du sonneur.

Idem de taxes de bestiaux admis au pâturage communal; l'on ne peut mettre qu'une quittance sur chaque feuille.

RECEVEURS. Les droits de timbre et d'amendes sont avancés par les receveurs, sauf leur recours contre ceux qui doivent déclaration des remises excédant 300 fr.

Idem. Compte de gestion, expédition à rendre au receveur. (Décision du 17 Octobre 1809).

Idem. Expédition réclamée par les comptables.

RÉCLAMATIONS. *Voyez* Pétitions.

RECRUTEMENT. *Voyez* Conscription.

REGISTRES des communes et établissemens publics, contenant des actes d'un intérêt privé.

Idem des factures des messageries et diligences, servant aux acquits.

Idem ou livre journal et livre de caisse des receveurs des communes et des établissemens publics.

Idem des déclarations d'abandon de propriété, pour se dispenser de payer l'impôt.

Idem du prix des grains, tenu par les adjudicataires du droit de mesurage.

Idem à souche pour quittances de sommes au-dessus de 10 fr., non relatives aux contributions directes.

Idem des avoués pour l'enregistrement des sommes à eux payées par les parties.

Idem des Chambres des notaires et avoués, destiné à l'inscription des actes dénommés en l'article 78 de la loi du 15 Mai 1818.

Idem de l'état civil, tenu dans les mairies.

Idem. Table annuelle des registres de l'état civil (les deux expéditions).

Idem tables décennales des registres, expéditions pour la mairie et la préfecture.

Idem extrait des registres de l'état civil.

Idem d'écrou en matière civile.

Idem des recettes et dépenses du trésorier des Chambres

des notaires, avoués, avocats, huissiers, commissaires-priseurs et courtiers.

Remises. Déclaration de remises par les receveurs municipaux, pour une somme excédant 300 fr.

Remplaçans. Certificats, actes de l'état civil et pièces à produire. (Décision du 17 Janvier 1835).

Répertoires des actes tenus dans les mairies et dans les préfectures, par les notaires, etc.

Rosières. Dot payée à des rosières par l'Etat ou la commune. (Décision du 17 Octobre 1809).

Sage-femmes. Traitement annuel au-dessus de 300 fr.

Idem. Gratifications éventuelles pour soins donnés aux femmes enceintes. (Décision du 23 Mai 1831).

Secours aux communes sur les fonds de l'Etat ou des départemens pour établissemens d'école, réparations d'églises ou de presbytères, ou pour chemins communaux. (Décision du 9 Octobre 1835).

Service militaire. Mêmes pièces pour remplacement dans le service militaire. (Décision du 17 Janvier 1835).

Sonneurs de la cloche communale, quittance de somme excédant 10 fr.

Subvention aux communes pour l'instruction primaire, sur les fonds de l'Etat ou des départemens. (Décision du 9 Octobre 1835).

Idem des communes aux établissemens publics et religieux, ainsi qu'aux théâtres.

Supplément de traitement aux curés, desservans et vicaires, quand il excède 300 fr.

Idem de traitement aux instituteurs, excédant 300 fr., en les réunissant au traitement fixe et aux rétributions payées par les parens des élèves.

Tables annuelles décennales des actes de l'état civil. (Décret du 20 Juillet 1807).

Idem décennales. Les deux expéditions pour la commune et la sous-préfecture.

Taxe sur les bestiaux envoyés au pâturage communal, la quittance.

Timbre. On ne peut écrire deux actes sur la même feuille, sauf les exceptions légales.

TIMBRE. On peut transcrire l'expédition d'un arrêté ou d'une décision en marge d'une pétition ou d'un mémoire rédigé sur timbre de 1 fr. 25 c.

Idem. Le droit du timbre est dû par celui qui paie, mais les communes et les établissemens ont intérêt à le faire supporter par les personnes auxquelles les paiemens sont faits.

Idem extraordinaire. Toute feuille blanche, imprimée ou écrite à la main, peut être soumise au timbre extraordinaire, si elle n'est pas revêtue de signatures, autant qu'il s'agit d'actes administratifs, minutes et expéditions.

TRAITEMENT de tous agens, employés, commis ou fonctionnaires de commune, ou établissement public, excédant 300 fr.

Idem. États émargés.

TRAVAUX des communes et établissemens publics religieux (devis).

Idem. Cahier des charges approuvé, s'il n'est rapporté en tête du procès-verbal de l'adjudication ou marché.

Idem. Procès-verbal d'adjudication.

Idem. Expédition de toutes ces pièces pour l'adjudicataire et le receveur.

Idem. Procès-verbal de réception de travaux.

VACCINATEURS. Traitement annuel excédant 200 fr.

VISA pour timbre. Toute feuille en blanc, imprimée ou écrite à la main, mais non signée, peut être présentée au visa dans tous bureaux d'enregistrement.

VOIE publique. Expédition d'arrêté d'alignement.

Elle peut être mise en marge d'une pétition écrite sur timbre de 1 fr. 25 c. (Loi 28 Avril 1816, art. 63).

CHAPITRE III.

Tableau des amendes pour contravention au timbre et à l'enregistrement.

Mairies.	QUOTITÉ DES AMENDES	
163. Aucune expédition, copie ou extrait d'acte, reçus par des notaires, greffiers ou tous autres dépositaires publics, ne peuvent être délivrés que sur papier timbré de 1 fr. 25 cent. (Loi du 28 avril 1816, art 63.)	avant la loi du 16 juin 1824.	après la loi du 16 juin 1824.
Acte fait en conséquence d'un acte public non enregistré (loi du 22 frimaire an VII, art. 36.)	50f	10f
Enregistrement tardif des actes des mairies soumis à l'enregistrement (loi du 22 frimaire an VII, art. 36). . . .	double droit	
Expédition d'un acte non enregistré (loi du 22 frimaire an VII, art. 41)	50	10
Etat des décès que le maire doit fournir au receveur de l'enregistrement le 1er de chaque trimestre, par chaque mois de retard (loi du 22 frimaire an VII, art. 55)	50	10
Refus de communication du répertoire (loi du 22 frimaire an VII, art. 52 et 54).	50	10
Répertoire, omission d'inscrire ou intercalation (loi de 1824).	10	10
Serment non enregistré dans les 20 jours de la prestation (loi du 27 ventôse an IX, art. 14).	double droit	
Mesures et poids, contravention à la dénomination dans les actes.	50	50

§ Ier. — *Amende à défaut de timbre.*

163 *Acte à la suite d'un autre* acte (loi du 13 brumaire an VII, art. 26).	100	20
Acte continué sur papier qui a déjà servi (loi du 13 brumaire an VII, art. 26).	100	20
Acte en conséquence d'un autre qui n'était pas timbré, contre tous les individus, même les juges (loi du 13 brumaire an VII, art. 26).	100	20
Acte public sur papier libre (loi du 13 brumaire an VII, art. 26).	100	20
Débit de papier timbré sans commission et en contravention.	100	20
Empreintes du timbre du papier couvert d'écriture (loi du 13 brumaire an VII, art. 26)	25	5
Expédition d'un acte sur papier inférieur à 1 franc 25 centimes (loi du 13 brumaire an VII, art. 25).	50	10
Retard de présentation au receveur de l'enregistrement, du répertoire, par chaque six jours.	10	10
Papier timbré frappé d'un timbre hors d'usage	100	10

	QUOTITÉ DES AMENDES	
	avant la loi du 16 juin 1824.	après la loi du 16 juin 1824.
Papier non débité par l'administration ou les personnes par elles nommées.	100f	20f
§ II. *Actes sous seings privés.*		
164. *Annexe d'un acte* sous seing privés non enregistré (loi du 22 frimaire an VII, art. 42)	50	10
Baux sous seings privés qui ne sont pas enregistrés dans les *trois mois de leur date* (loi du 22 frimaire an VII, art. 38)	double droit	
Contre-lettre portant augmentation d'un prix de vente, (loi du 22 frimaire an VII, art. 40).	triple droit	
Succession, déclaration après *six mois* à compter de l'inscription du décès à l'état civil (loi du 22 frimaire an VII, art. 39)	double droit	
Vente et échange sous seing privé, non enregistré dans les *trois mois de la date* (loi du 22 frimaire an VII, art. 37)	double droit	
Mesures et poids, contravention aux règlements qui concernent les particuliers (loi du 25 ventôse an XI, art. 47)	50	5
§ III. *Amende à défaut de timbre.*		
165. *Un acte, n'importe sa nature*, à la suite d'un autre, pour les particuliers (loi du 13 brumaire an VII, art. 46)	30	6
Acte continué sur un papier qui a déjà servi, quoique timbré, contre un particulier (loi du 13 brumaire an VII, art. 46).	30f	5f
Acte produit en justice sans être visé pour timbre (loi du 13 brumaire an VII, art. 30).	30	6
Acte quel que soit sa nature, sous seing privé, pour particulier (loi du 13 brumaire an VII, art. 26).	30	6
§ IV. *Des effets de commerce et reconnaissances.*		
166. *Tout effet négociable* écrit sur papier libre doit une *amende de 6 p. 100* et sans pouvoir être au-dessous de *cinq* francs (loi du 24 mai 1824).		
Tout enregistrement d'un acte de protêts et accompagné d'un effet non timbré, le receveur serait passible de l'amende (loi du 13 brumaire an VII, art. 25) soit	50	10
Expédition contenant plus de 25 lignes à la page (loi du 13 brumaire an VII, art. 26)	25	5
Tout livre de commerce et contre tous ceux que la loi oblige d'en tenir un, s'il est sur papier libre, outre le payement du droit (loi du 16 [illegible] art. 72)	500	50

§ V. *Lettres de voiture, connaissemens.*

167. Les lettres de voitures ou connaissemens doivent être sur papier timbré, soit au timbre ordinaire ou extraordinaire ; l'infraction entraîne une contravention passible d'une amende de 30 fr. par chaque, soit lettre de voiture, soit connaissement. (Loi du 11 juin 1842).

Nota. On entend par lettre de voiture ou connaissement, le *détail*, la *nature*, la *qualité* et le *prix* de toute marchandise transportée soit par eau, soit par terre, *d'un lieu à un autre ;* mais, dans cette nomenclature, ne sont pas compris les objets, quels qu'ils soient, qu'un particulier envoie de chez lui chez lui, ou à d'autres personnes qui ne font pas état de commerce ou de commissionnaire.

168. Ont droit de constater les contraventions à ces dispositions : les employés *des douanes, octrois, contributions indirectes;* ils peuvent exiger l'exibition des lettres de voiture ou connaissemens du voiturier, soit par terre, soit par eau. (Loi du 16 messidor an XIII; circulaire du ministre des finances, décembre 1842.)

Nota. Les employés, pour chaque contravention qu'ils constatent, ont droit à la moitié des amendes. (Décrets du 16 messidor an XIII, art. 3, et 3 janvier 1809.)

§ VI. *Ventes de meubles.*

	QUOTITÉ DES AMENDES	
	avant la loi du 16 juin 1824.	après la loi du 16 juin 1824.
169. *Altération criminelle* des prix de ventes outre la restitution du droit et les peines de faux (loi de pluviôse an VII)	100f	20f
Article de vente non écrit en toutes lettres (loi de pluviôse an VII)	15	5
Déclaration préalable de vente non faite et non renouvelée (loi de pluviôse an VII)	100	20
Omission d'article au procès-verbal de vente, outre la restitution du droit	100	20
Transcription de la déclaration (défaut de) en tête de l'acte de vente (loi de pluviôse an VII)	25	5
Toute vente faite sans officier public, celui qui la fait (loi de pluviôse an VII, art. 7) est passible d'une amende de		50 à 100

§ VII. *Placards et Affiches.*

	Quotité des amendes — avant la loi du 16 juin 1824.	Quotité des amendes — après la loi du 16 juin 1824.
170. *Affiches sur papier blanc* (lois des 25 mars 1817, art. 77, et 15 mai 1818, art. 76).	100	20
Affiches et avis imprimés sur papier libre, contre l'imprimeur, et en outre privé de sa commission (loi du 28 avril 1816, art. 68).	500	50
Ceux qui font afficher ou distribuer les affiches ou avis seront condamnés solidairement avec l'afficheur	100	20
Affiches non timbrées, solidairement (code pénal, 474)	100	20
Journaux sur papier libre, pour chaque contravention (loi du 9 vendémiaire an VI, art. 60).	100	20

§ VIII. *Des greffiers et huissiers des tribunaux.*

	Avant la loi du 16 juin 1824.	Après la loi du 16 juin 1824.
171. *Les huissiers doivent* mettre et détailler, sur chaque copie d'acte qu'ils signifient, le coût de l'acte détaillé, sous peine de l'amende pour chaque acte	»»	5
Tout acte présenté à l'enregistrement après le délai expiré, nullité de l'exploit (lois des 22 frimaire an VII, art. 34, et ventôse an 9, art. 15).	25	5
Si l'acte est sujet au droit proportionnel (loi du 22 frimaire an VII, art. 34)	50	10
Si la copie de l'acte de l'huissier contient plus de 25 lignes par pages sur une feuille de 35 centimes (loi du 29 août 1813).	25	5
Greffier. Tout jugement présenté à l'enregistrement après le délai expiré, pour chaque acte (loi du 22 frimaire an VII, art. 35).	25	5
Le défaut de la date de l'enregistrement sur les jugemens enregistrables sur expédition (loi du 22 frimaire an VII, art. 45)	10	5
Serment prêté devant le tribunal, non enregistré dans les 20 jours (loi du 27 ventôse an IX, art. 14)	double droit	
Droit de prompte expédition s'il en est reçu (loi du 21 ventôse an VII, art. 23) destitution et amende de.	100	100
Expédition d'un acte qui n'a pas subi la perception des droits de greffe (loi du 21 ventôse an VII, art. 11). . .	100	100

§ IX. *Actes des Notaires.*

	Avant la loi du 16 juin 1824.	Après la loi du 16 juin 1824.
172. *Dépôt ou réception d'un acte* sous seing privé et non enregistré (loi du 22 frimaire an VII, art. 42). . . .	50	10
Dépôt d'un acte reçu en dépôt sans qu'il ait été dressé acte de dépôt (loi du 22 frimaire an VII, art. 43).	50	10

	QUOTITÉ DES AMENDES	
	avant la loi du 16 juin 1824.	après la loi du 16 juin 1824.
Enregistrement tardif hors le délai voulu (loi du 22 frimaire an VII, art. 33)	50f	10f
Testament non enregistré dans les 20 jours (loi du 22 frimaire an VII, art. 38)	double droit	
Abréviations dans les actes notariés (loi du 25 ventôse an XII, art. 13)	100	20
Actes illisibles des notaires (loi du 25 ventôse an XI, art. 13)	100	20
Additions de mots dans les actes notariés qui ne sont pas approuvés des parties et du notaire (loi du 25 ventôse an XII, art. 16)	50	10
Annexe (de faux) *de procuration* (loi du 25 ventôse an XI, art. 16)	100	20
Blanc laissé dans les actes du notaire (loi du 25 ventôse an XI, art. 13)	100	20
Chiffres dans un acte notarié pour indiquer la somme et les dates (loi du 25 ventôse an XI, art. 13)	100	20
Clauses et expressions féodales insérées dans un acte par les notaires (loi du 25 ventôse an XI, art. 17)	100	20
En cas de récidive	le double	
Connaissance des actes donnée à tous autres qu'aux parties instéressées (loi du 25 ventôse an XI, art. 13)	100	20
Dépôt d'une copie du contrat de mariage des commerçans au tribunal de commerce, affichée après le mois (code de commerce, art. 67 et 68)	100	20
Dépot du répertoire de notaire, après le dernier jour de février, et par mois en retard (loi du 16 floréal an IV)	100	20
Interligne dans les actes des notaires (loi du 25 ventôse an XI, art. 16)	100	20
Intervalle dans les actes des notaires (loi du 25 ventôse an XI, art. 13)	100	20
Lacune dans les actes des notaires (loi du 25 ventôse an XI, art. 13)	100	20
Mesures et poids dans les actes des notaires, s'il y a omission et contravention aux règlemens qui les concernent dans les énumérations décimales (loi des 25 ventôse an VII, art. 17, et 1er vendémiaire an IV)	50	50
Non résidence, mention dans les actes des notaires (loi 25 ventôse an XI, art. 12)	100	20
Patentes, défaut de mention dans les actes (loi du 1er du brumaire an VII)	500	50
Surcharge dans les actes des notaires (loi du 25 ventôse an XI, art 16)	50	10

	QUOTITÉ DES AMENDES	
	avant la loi du 16 juin 1824.	après la loi du 16 juin 1824.
Titre, qualification et usage abolis des particuliers, *six fois le montant de la contribution mobilière* (loi du 16 octobre 1791)	»	»
Défaut de dénomination des noms, qualités et demeures des parties, ainsi que des témoins, ou procurations non annexées (loi du 16 juin 1824).	100	20

§ X. — *Prescription.*

173. Les amendes de contravention, non prononcées par jugement, se prescrivent par deux années.

174. Les notaires ne pourront faire enregistrer leurs actes qu'au bureau de l'enregistrement de l'arrondissement dans lequel ils résident. (Loi 22 frimaire an VII, art. 26 et 27.)

175. Les actes passés en double minute seront enregistrés sur chacune d'elle au bureau de la résidence de chacun des notaires qui les reçoivent. (Décision du ministre de la justice et des finances du 16 août 1808.)

176. Tout huissier et tout autre personne ayant pouvoir de faire des exploits, procès-verbaux ou rapports, feront enregistrer leurs actes, soit au bureau de leur domicile, soit au bureau du lieu où ils auront fait leurs actes.

177. Les agens et gardes-forestiers, les gardes-champêtres et les préposés des douanes peuvent faire enregistrer leurs actes au bureau le plus voisin de leur résidence. (Décision du ministre des finances, du 28 novembre 1809.)

178. Les maires, leurs secrétaires et les greffiers des administrations centrales (préfectures) et municipales, feront enregistrer les actes qu'ils sont tenus de soumettre à cette formalité, au bureau de l'arrondissement près duquel ils exercent leurs fonctions.

Actes sous seings privés. — Les actes sous seings privés et les actes passés en pays étrangers, peuvent être enregistrés dans tous bureaux indistinctement. (Loi du 22 frimaire an VII, art. 26 et 27.)

§ XI. — *Amendes pour Timbre d'effets de commerce.*

179. La loi du 24 mai 1834 porte ce qui suit : L'amende due en cas de contravention aux lois sur le timbre proportionnel, par le souscripteur d'une *lettre de change*, d'un billet à ordre ou obligations non négociables, est portée à *six pour cent du montant de la somme exprimée dans lesdits actes*. (Loi du 24 mai 1834, art. 19.)

180. L'accepteur d'une lettre de change qui n'aura pas été écrite sur papier du timbre prescrit ou qui n'aura pas été visée pour timbre, sera soumis à une amende de même quotité *(six pour cent)*, indépendamment de celle encourue par le souscripteur. (Même loi et article.)

181. Le souscripteur n'en sera pas moins tenu d'acquitter la totalité de l'amende par lui encourue.

182. A défaut d'accepteur, l'amende sera due par le premier endosseur. (Loi du 24 mai 1834, art. 19.)

183. Une amende aussi de six pour cent sera due par le premier endosseur d'un billet à ordre et par le premier cessionnaire d'un billet ou obligation non négociable qui aura été souscrit en contravention aux lois sur le timbre. (Loi du 24 mai 1834, art. 19).

184. Une amende semblable sera due par le premier endosseur d'un billet à ordre, et également par le premier cessionnaire d'un billet ou obligation non négociable qui aura été souscrit en contravention aux lois sur le timbre.

185. Celui qui se trouve porteur d'un effet de commerce non écrit sur papier timbré *(ou un billet au porteur)*, peut, avant de le présenter au paiement, le faire viser pour timbre ; dans ce cas, il est fondé à exiger le remboursement, tant de l'amende que du timbre, contre le souscripteur du billet, encore bien que celui-ci n'a pas refusé de payer le montant du billet, et qu'il n'y a pas eu lieu d'en poursuivre le paiement par les voies judiciaires. (Lois du 12 décembre 1790, art. 15; 13 brumaire an VII, art. 26; 28 avril 1816, art. 75; arrêt de la cour de cassation du 20 juillet 1841.)

186. L'art. 20 de la loi du 24 mai 1834 porte : que lorsqu'une lettre de change ou un billet à ordre venant, soit de l'étranger, soit des îles ou des colonies, dans lesquelles le timbre ne serait pas établi, aura été accepté ou négocié en France avant d'avoir été soumis au timbre ou au visa pour timbre, l'acceptant et le premier endosseur résidant en France seront tenus de payer chacun une amende de *six pour cent* du montant de l'effet. (Loi du 24 mai 1834, art. 20.)

187. L'art. 21 de la même loi dit également : qu'aucune des amendes prononcées par les art. 19 et 20 ci-dessus ne pourra être au-dessous de *cinq francs*. (Même loi, art. 21).

188. Les contrevenans seront solidaires pour le paiement du droit et des amendes, sauf le recours de celui qui en aura fait l'avance, pour ce qui n'est pas à sa charge personnelle.

189. L'art. 23 de la loi du 24 mai 1834 porte : qu'aucun notaire et huissier ne pourra protester un effet négociable ou de commerce non écrit sur papier timbré prescrit ou non visé pour timbre, sous peine de supporter personnellement une amende de *vingt francs par chaque contravention*. Il sera tenu, en outre, d'avancer le droit de timbre et les amendes encourues dans le cas déterminé par les art. 18, 19, 20, 21 et 22 de la loi ci-dessus, sauf son recours contre les contrevenans.

§ XII. — *Délai pour l'enregistrement des actes de toutes natures.*

190. Ces délais sont :

1° De *quatre* jours pour les actes des huissiers et autres ayant pouvoir de faire des exploits et procès-verbaux ;

2° De *dix* jours pour les actes des notaires qui résident dans la commune où est le bureau de l'enregistrement;

3° De *quinze* jours pour ceux des notaires qui n'y résident pas;

4° De *vingt* jours pour les actes judiciaires soumis à l'enregistrement sur minutes, et pour ceux dont il ne reste pas de minutes au greffe ou qui se délivrent par brevet;

5° De *vingt* jours également pour les actes des administrations départementales et municipales assujétis à l'enregistrement ;

6° De *trois* mois pour les testamens déposés chez les notaires ou reçus par eux, à compter du décès du testateur, à la diligence des héritiers;

7° De *quinze* jours pour l'enregistrement des baux des hospices ou autres établissemens publics ou de bienfaisance, ou d'instruction publique, à compter de la date de réception par le maire, des actes approuvés par le préfet. (Décret du 12 Août 1807).

8° De *vingt* jours pour les actes des administrations centrales et municipales qui sont sujets à l'enregistrement. (Loi du 27 ventôse an IX).

9° De *vingt* jours pour les procès-verbaux de contraventions et certificats, pour dépôts de desseins par les prud'hommes, en exécution des articles 10, 12 et 16 de la loi du 18 mars 1806, à compter de leurs dates.

§ XIII. — *Délai pour l'enregistrement des actes sous seing privé ou de mutation par décès.*

191. 1° *Trois mois* pour les actes sous seing privé portant transmission de propriété ou d'usufruit de biens immeubles, *les baux affermés ou loyers, sous-baux*, cession et subrogation de baux et les engagemens d'immeubles.

Nota. Il n'y a point de délai de rigueur pour tous autres actes sous signature privée, mais on ne peut en faire usage, soit pour acte public, soit en justice, ou devant toute autre autorité constituée, à moins qu'ils n'aient été préalablement enregistrés et qu'on ait payé le double droit;

2° *Six mois* pour les déclarations de succession, d'envoi en possession provisoire de biens d'absent, à compter du jour du décès constaté par l'inscription sur les registres de l'état civil, ou du jour de l'envoi en possession. Lorsque les successions s'ouvrent à l'étranger, la loi accorde des délais calculés suivant l'éloignement;

3° Le jour de la date de l'acte ou de l'ouverture de succession n'est point compté;

4° Si le dernier jour du délai se trouve un jour férié, il n'est pas compté non plus.

5° En cas de retour de l'absent, les droits payés sont restitués, sauf la retenue de celui dû pour la jouissance provisoire. (Loi du 22 frimaire an VII, titre 3, 28 avril 1816, art. 40).

CHAPITRE IV.

Du mode de fixation des droits.

192. La perception du droit proportionnel suit les sommes et valeurs *de* 20 *en* 20 *francs*, exclusivement et sans fraction.

Il ne peut être perçu moins de 25 *centimes* pour l'enregistrement des actes et des mutations dont les sommes et valeurs ne produiraient pas 25 c. de droit proportionnel. (Loi 27 Ventôse an IX, art. 2 et 3).

193. Il n'y a point de fraction de centime dans les paiemens des droits proportionnels ; lorsqu'une fraction de somme ne produit pas un centime de droit, le centime est perçu au profit de l'état. (Loi 22 frimaire an VII, art. 5).

194. Le droit proportionnel est assis sur les valeurs énoncées aux actes, ou d'après les déclarations et appréciations certifiées et signées au pied de l'acte fait par les parties, quand ces valeurs ne sont pas déterminées.

195. L'usufruit s'évalue à la moitié de la valeur entière de l'objet. (Même loi, art. 4, 14, 15 et 16).

196. Relativement aux *meubles*, la régie de l'enregistrement n'a pas le droit de recourir à une expertise.

197. Il est dû un droit pour chaque disposition particulière qui ne dérive pas de la principale. (Loi 22 frimaire an VII, art. 9 jusqu'à 14).

§ I.— *Les droits doivent être acquittés.*

198. Les droits des actes à enregistrer sont acquittés :

1° Par les notaires et huissiers pour les actes par eux reçus, sauf recours ;

2° Par les greffiers pour les jugemens, actes ou expéditions ;

3° Par les secrétaires des administrations, pour les actes soumis à l'enregistrement ;

4° Par les parties, pour les actes sous signatures privées ;

5° Par les parties intéressées, pour les testamens ou autres actes de libéralité à cause de mort ;

6° Les officiers publics qui ont fait l'avance des droits d'enregistrement, peuvent prendre un exécutoire du Juge-de-Paix de leur canton pour obtenir le remboursement des droits par eux payés.

199. Le droit d'enregistrement des actes est supporté par ceux qu'il constitue débiteurs ou bien par ceux qui en profitent.

200. Les co-héritiers sont solidaires pour le paiement des droits de mutation de décès.

201. L'état conserve son recours sur les biens en quelques mains qu'ils passent. (Loi 22 frimaire an VII, art. 5.)

202. La loi du 22 frimaire an VII, art. 59, défend à toute autorité publique d'accorder aucune remise ou modération de droits ou de peines, et d'en suspendre le recouvrement sans en devenir responsable; cependant *le ministre des finances* accorde, soit aux parties, soit aux fonctionnaires publics, des réductions sur les *amendes et doubles droits*.

203. Il est défendu aux juges et arbitres de rendre aucun jugement, aux administrations départementales et municipales de prendre aucun arrêté en faveur des particuliers, sur actes non timbrés ni enregistrés. (Loi 22 frimaire an VII, art. 44.)

CHAPITRE V.

Droits d'enregistrement pour les actes sous seing privé.

204. *Actes.*— Sont enregistrés *gratis*, les actes de poursuites et tous autres actes, tant en action qu'en défense, ayant pour objet, soit le recouvrement des contributions et de toutes autres sommes dues à l'état, ainsi que des contributions locales, soit le recouvrement des sommes dues pour mois de nourrice; *le tout* lorsqu'il s'agira *de cotes, droits* et créances non excédant en total la somme de *cent francs*. (Loi du 16 juin 1824, art. 6.)

Actes de société qui ne portent ni obligation, ni libération, ni transmission de biens meubles ou immeubles entre les associés et autres personnes, droit fixe. . . . . 5 fr.

Actes de dissolution de société qui sont dans le même cas, droit fixe. . . . . 5 fr.

Actes d'émancipation. Le droit est dû par chaque émancipé, droit fixe. . . . . 5 fr.

Baux à ferme ou à loyer des biens meubles ou immeubles, sur le prix cumulé de toutes les années. (Loi du 16 juin 1824, art. 1). Pour chaque 100 fr. . . . . 20 c.

Le cautionnement de ces baux n'est que de moitié. (Loi du 16 juin 1824, art. 2). . . . . 10 c.

Baux de pâturage et nourriture d'animaux. (Même loi.) Sur le prix cumulé par chaque 100 fr. . . . . 20 c.

Baux à cheptel ou reconnaissance de bestiaux. (Même loi.) Sur le prix cumulé par chaque 100 fr. . . . . 20 c.

Baux pour nourriture de personne ou conventions. Lorsque la durée sera limitée sur le prix cumulé et par chaque 100 fr. (Même loi.). . . . . 20 c.

Baux emphytéotiques. Ce sont des actes de nature à être transcrits. (Arrêts de la cour de cassation du 19 juillet 1832 et 23 novembre 1833.) En plus et pour chaque 100 f. 1 f. 50 c.

Baux sous subrogations, cessions et rétractions de baux. Pour chaque 100 fr. cumulés, comme il est établi pour les baux. . . . . 20 c.

Nota. Seront considérés pour la liquidation et le paiement du droit, tous baux faits pour trois, six ou neuf années; la liquidation et le paiement du droit se fera sur la somme cumulée de *neuf* années et par chaque 100 fr. (Même loi et art. 69 de la loi du 22 frimaire an VII). . . . . 20 c.

Baux verbaux. Exempts d'enregistrement. (Cour de cassation du 26 juin et 13 décembre 1811).

Baux à rente perpétuelle de biens immeubles, ceux à vie et ceux dont la durée est illimitée. (Lois du 22 frimaire an VII, et du 28 avril 1816, art. 52 et 54.) Par chaque 100 f. 50 c.

Billet simple, contenant obligation, par chaque 100 f. 1 f.

Billet à ordre, les cessions d'actions et coupons d'actions mobilières des compagnies et sociétés d'actionnaires, et tous autres effets négociables des particuliers ou des compagnies (à l'exception des lettres de change tirées de place en place.) (Loi du 22 frimaire an VII, art 69.) Par chaque 100 f., 50 c.

Brevet ou baux d'apprentissage qui ne contient ni obligation de fournir des valeurs mobilières, ni quittance. (Loi du 22 frimaire an VII, art. 68). Droit fixe. . . . . 1 fr.

Idem idem, lorsqu'ils contiendront stipulation de sommes ou valeurs mobilières payées ou non. (Loi du 22 frimaire an VII, art. 69.) par chaque 100 fr. . . . . 50 c.

Caution pour des baux à ferme ou à loyer, sur le prix cumulé de la durée du bail. (Loi du 28 avril 1816, art. 50.) et par chaque 100 fr. . . . . 10 c.

Cessions de baux emphytéotiques, par chaque 100 f. 1 f. 70

Cessions et transports de créances à termes, par chaque 100 fr. . . . . 1 fr.

Cessions de rentes, par chaque 100 fr. . . . . 2 fr.

Cessions ou adjudications d'objets mobiliers. (Loi du 22 frimaire an VII, art. 69) par chaque 100 fr. . . . . 2 fr.

Cessions ou adjudications de ventes, reventes, cessions, rétrocessions et tous autres actes civils ou judiciaires, translatifs de propriétés ou d'usufruits, de biens immeubles à titre onéreux. (Lois du 22 frimaire an VII, art. 69, et 28 avril 1816, art. 52) par chaque 100 fr., y compris les droits de transcription. . . . . 5 fr. 50 c.

Compromis ou nomination d'arbitres qui ne contiennent aucune obligation de sommes et valeurs, donne lieu au droit proportionnel fixe. (Loi du 28 avril 1816, art. 44.). . 3 fr.

Comptes contenant quittances, (Loi du 2 juin 1834, art. 14.) par chaque 100 fr. . . . . 50 c.

Consentement pur et simple à une chose, droit fixe. 2 fr.

Contrats ou actes de formation ou de dissolution de société. (Loi du 28 avril 1816, art. 45.) droit fixe. . . . 5 fr.

Décharges pures et simples et récépissés de pièces. (Loi du 28 avril 1816, art. 43.) droit fixe. . . . . 2 fr.

Déclaration d'un titulaire de cautionnement en faveur de son bailleur de fonds, pour lui acquérir le privilége de second ordre, soit que le titre du bailleur de fonds soit enregistré ou non enregistré, pourvu que dans l'un ou l'autre cas la déclaration soit faite selon le décret du 22 décembre 1812, droit fixe. . . . . 1 fr.

§ 1er. — *Délais pour la déclaration à faire au bureau de l'enregistrement, par héritiers à une succession.*

1° Si le décès a lieu en France. . . . . 6 mois.

2° S'il est décédé dans toute autre partie de l'Europe. . . . . 8 mois.

3° S'il est décédé en Amérique. . . . . 1 an.

4° S'il est décédé en Asie ou en Afrique . . . 2 ans.

Le délai de six mois ne courra que du jour de la mise en possession;

5° En cas de retour de l'absent que l'on a cru décédé et dont on aurait payé les droits de succession, ils seront restitués;

6° Dans les délais fixés pour l'enregistrement des actes de déclaration, le jour de la date de l'acte de l'ouverture de la succession né sera point compté pour le jour d'échéance; de sorte qu'une succession ouverte le 15 janvier doit être déclarée, au plus tard, le 15 juillet suivant. (Décision du ministre des finances du 6 octobre 1816 et 19 juillet 1824);

7° Si le dernier jour du délai se trouve un dimanche, ou un jour férié, qui sont: le premier de l'an, l'Ascension, l'Assomption, la Toussaint et Noël, (Concordat de 1801, arrêt du conseil-d'état du 20 mars 1810) l'échéance n'est que le lendemain de ces jours.

Désistemens purs et simples, droit fixe. (Loi 28 avril 1816, art. 43) . . . . 2 fr.

Donations aux départements, arrondissements, communes ou à tous autres établissemens publics, autorisées, le même que les personnes non parentes, par chaque 100 fr. (Loi du 21 avril 1832, art. 33). . . . . 6 fr.

Echanges des biens immeubles, y compris la transcription, par chaque 100 fr., la transcription est de 1 fr. 50 c. (Loi du 16 juin 1824, art. 2), ensemble. . . . . . . 2 fr. 50 c.

Echanges d'objets mobiliers sur la plus forte des deux parts, et par chaque 100 fr. (Décision ministérielle du 1er juin, 3 septembre et 8 novembre 1811). . . . . 2 fr.

Engagemens de biens immeubles ou antichrèses, l'acte par lequel un individu emprunte une somme et livre à celui qui lui a prêtée, un immeuble à titre d'antichrèse, n'est sujet qu'au droit, et par chaque 100 fr. (Arrêt de la Cour de cassation du 4 novembre 1817). . . . . 2 fr.

La vente d'un immeuble faite à titre d'antichrèse est une vente avec faculté de réméré. (Arrêt de la Cour de cassation, du 4 mars 1807.)

Néanmoins, l'antichrèse ne donne lieu qu'au droit de 2 pour cent, lors même que l'acte qui le renferme contiendrait aussi *la vente éventuelle* de l'immeuble qui en est l'objet, si la créance du preneur n'était pas payée, l'art. 2088 du code civil étant un obstacle à ce que l'on induise une mutation d'un tel acte. (Arrêt de la Cour de cassation, du 17 janvier 1816.)

Etat civil. Expédition des ordonnances et procès-verbaux des officiers publics de l'état civil, contenant indication du jour ou prorogation de délai, pour la tenue des assemblées préliminaires au mariage ou au divorce. (Loi du 22 frimaire an VII, art. 68.) droit fixe. . . . . 2 fr.

Exploit, prud'hommes. Les actes et jugemens des tribunaux de prud'hommes, toutes les fois qu'ils constateront que l'objet de la contestation n'excède pas en totalité la somme de 25 fr., sont enregistrés gratis. (Décision ministérielle du 20 juin 1809.)

Factures signées seulement des marchands ou négocians qui ont livré ou expédié les marchandises y détaillées, droit fixe. . . . . 1 fr.

Hypothèques. Droit d'inscription des créances hypothécaires, sans distinction de créances, par chaque 100 fr. (Loi du 28 avril 1816, art. 60). . . . . 10 c.

La perception de ces droits suivra les sommes et valeurs de 20 en 20 fr. inclusivement et sans fraction.

S'il y a lieu à inscription d'une même créance dans plusieurs bureaux, le droit sera acquitté en totalité dans le premier; il ne sera dû, dans les autres, que les simples honoraires des employés. (Loi du 21 ventôse an VII, art. 22).

Jugemens en matière de contributions publiques; l'article 6 de la loi du 16 juin 1824 ordonne *l'enregistrement gratis*, pour tous les actes de poursuite et tous autres actes, tant en action qu'en défense, ayant pour objet les sommes dues à l'état, ainsi que les contributions locales, les recouvremens des mois de nourrice, le tout lorsqu'il s'agit de cote-droits, créances, non excédant au total la somme de *cent francs*.

Jugemens des tribunaux en matière de contributions publiques ou locales et autres sommes dues à l'état et aux établissemens locaux, seront assujétis aux mêmes droits d'enregistrement que ceux rendus entre particuliers. (Loi du 28 avril 1816, article 39.)

1° Les départemens, arrondissemens, communes, hospices,

séminaires, fabriques, congrégations religieuses, consistoires et *généralement* tous établissemens publics légalement reconnus, payeront pour droits fixes d'enregistrement et de transcription hypothécaire, sur les actes d'acquisition qu'ils font. . . . . 10 fr.

2° Et sur les donations ou legs quils recueilleront, lorsque les immeubles acquis ou donnés devront recevoir une destination d'utilité publique et ne pas produire des revenus sans préjudice des exceptions déjà existantes, en faveur de quelques-uns de ces établisssemens, toutes les fois que la valeur des immeubles acquis ou donnés n'excèdera pas 500 fr.; en principal, le droit ne sera que de. . . . . 1 fr. (Loi du 16 juin 1824, article 7.)

Lettres de change tirées de place en place, et celles venant des colonies françaises ou de l'étranger, lorsqu'elles sont protestées faute de payement, par chaque cent franc. 25 c.

Elles ne pourront être présentées à l'enregistrement qu'avec l'assignation; l'article 6 de la loi du 1er mai 1832, porte: les lettres de change tirées par seconde, troisième ou quatrième, pourront, quoiqu'étant écrites sur papier non-timbré, être enregistrées, dans le cas de protêt, sans qu'il y ait lieu au droit du timbre et à l'amende, pourvu que la première écrite soit sur papier au timbre proportionnel, et soit représentée.

Lettres missives qui ne contiennent ni obligation, ni quittance, ni aucune autre convention donnant lieu au droit proportionnel, droit fixe. . . . . 2 fr. (Loi du 28 avril 1816, art. 43).

Lettres patentes. Aucune expédition desdites lettres ne peut être délivrée par le Conseil du sceau et titre, sans que le droit d'enregistrement n'ait été préalablement payé. (Loi du 28 avril 1816, art. 55.)

Main-levée par acte civil ou désistement, droit fixe. 2 fr.

Mercuriales pour les baux et rentes stipulés, payables en quantité fixe de grains et denrées, dont la valeur est déterminée par des mercuriales, et pour les donation entre vifs, et les transmissions par décès de biens dont les baux sont également stipulés payables en quantité fixe de grains et denrées dont la valeur est également déterminée par des mercuriales ; la liquidation du droit proportionnel d'enregistrement sera faite d'après l'évaluation du montant des rentes ou du prix des baux résultant d'une année commune de la valeur des grains et autres denrées, selon les mercuriales du marché le plus voisin. A cet effet, on formera l'année commune d'après les *quatorze* dernières années antérieures à celle de l'ouverture du droit ; on retranchera les deux plus fortes et les deux plus faibles ; l'année commune sera établie sur les dix années restantes. (Loi du 15 mai 1818, art. 75.)

Nomination d'experts hors jugement, droit fixe. (Loi du 28 avril 1816, art. 15.). . . . . 2 fr.

Nomination de gardes des propriétés particulières, droit fixe. . . . . 1 fr.

Notaires. Ils peuvent faire des actes en vertu et par suite d'actes sous seings-privés non enregistrés, et les énoncer dans leurs actes, mais sous la condition que chacun de ces actes sous seing-privé doit demeurer annexé à celui dans lequel il se trouve mentionné ; qu'il sera soumis avant lui à la formalité de l'enregistrement. Les notaires sont personnellement responsables, non-seulement des droits d'enregistrement et du timbre, mais encore des amendes auxquelles les actes sous seing-privé se trouvent assujétis. (Loi du 16 juin 1824, art. 13.)

Nomination de gardes-forestiers, gardes-ruraux, gardes-champêtres établis par l'administration publique, exempt d'enregistrement.

Obligations de sommes sans libéralité, et sans que l'obligation soit le prix d'une transmission de meubles ou d'immeubles, non-assujéti, par chaque 100 fr . . . . 1 fr.

Ordonnance du roi portant nomination des avocats soit à la Cour de cassation et aux Conseils du roi, notaires, avoués, greffiers, huissiers, agens-de-change, courtiers et commissaires-priseurs, 10 fr. par chaque 100 fr. du montant de leur cautionnement. . . . . 10 fr.

Ce droit sera perçu sur la première expédition de l'ordonnance, dans le mois de sa délivrance, *sous peine du double droit.*

Les nouveaux titulaires ne pourront être admis au serment qu'en produisant ladite expédition revêtue de l'enregistrement. (Loi du 21 avril 1832, art. 34)

Office. Tout traité ou convention ayant pour objet la transmission d'un office, de la clientelle, des minutes, répertoires, recouvremens et autres objets qui en dépendent, devra être constaté par écrit et enregistré, et être produit à l'appui de la demande de nomination du successeur désigné ; le droit est pour cent de. 2 fr.

Ces droits d'enregistrement ne pourront, dans aucun cas, être inférieurs au dixième du cautionnement attaché à l'emploi ou fonction; et lorsqu'il y aura simulation du prix exprimé dans l'acte, il sera perçu, à titre d'amende, *un droit en sus* de celui qui est dû, le tout acquitté avant la prestation du serment. (Loi du 25 juin 1841, art. 6 jusqu'à 14 inclus.)

Payement des droits d'enregistrement. Les droits des actes et ceux de mutation par décès, seront payés avant l'enregistrement, aux taux et quotités réglés et portés dans ce tarif.

Nul ne pourra atténuer ni différer le payement sous le prétexte de contestation sur la quotité, ni pour quelqu'autre motif que ce soit, sauf à se pourvoir en restitution s'il y a lieu. (Loi du 22 frimaire an VII, art. 28.)

Partage de biens meubles et immeubles entre co-propriétaires, à quelque titre que ce soit, pourvu qu'il en soit justifié, droit fixe. 5 fr.

Et s'il y a retour, le droit sur ce qui en sera l'objet sera perçu au taux réglé pour les ventes. (Loi du 28 avril 1816, art. 45.)

Nota. Un partage par lequel on donne à l'un des co-partageans l'usufruit, et à l'autre la nue-propriété de la totalité des biens indivis, sans soulte, n'est sujet qu'au droit fixe. (Arrêt de la Cour de cassation, du 16 juin 1824.)

Prescription. Il y a prescription pour la demande des droits :

Après deux années, à compter du jour de l'enregistrement, s'il s'agit d'un droit non perçu sur une disposition particulière dans un acte, ou d'un supplément de perception insuffisamment fait, ou d'une fausse évaluation dans une déclaration, et pour la constater par voie d'expertise.

Nota. Un arrêté du conseil d'état, du 22 août 1810, relatif à la prescription des amendes prononcées par la loi du 22 frimaire, et par celle du 22 pluviôse an VII, sur la vente publique des effets mobiliers, dispose :

Toutes les fois que les receveurs de l'enregistrement sont à portée de découvrir, par des actes présentés à la formalité de l'enregistrement, les contraventions aux lois des 22 frimaire et 22 pluviôse an VII, sujettes à l'amende, ils doivent, *dans les deux ans* de la formalité donnée à l'acte, exercer des poursuites pour les recouvremens de l'amende, à peine de prescription.

Les articles 14 et 15 de la loi du 16 juin 1824 portent les dispositions suivantes :

La prescription de deux ans établie par l'art. 61 de la loi du 12 décembre 1798, s'appliquera, tant aux amendes de contravention aux dispositions de ladite loi, qu'aux amendes pour contravention aux lois sur le timbre et sur les ventes de meubles; elle courra du jour où les préposés auront été mis à portée de constater les contraventions, au vu de chaque acte soumis à l'enregistrement.

Dans tous les cas, la prescription pour le recouvrement des droits simples d'enregistrement, et des droits de timbre qui auraient été dus indépendamment des amendes, restera réglé par les lois existantes.

L'action pour faire condamner aux amendes sera prescrite *après deux ans*, à compter du jour où les contraventions auront été commises dans le cas déterminé. (Loi du 16 floréal an IV, art. 1er.)

2° Par l'article 37 de la loi du 1er brumaire an VII, pour la mention à faire des patentes dans les actes;

3° Par la loi du 25 ventôse an XI, contenant organisation du notariat;

4° Par l'article 68 du code de commerce, pour la publication des contrats de mariage des commerçans.

La loi du 25 ventôse an XI, art. 15, porte que toutes les dispositions qui précèdent seront applicables aux perceptions à faire et aux amendes encore dues.

1° Les parties seront également non-recevables, après le même délai, pour toute demande en restitution de droits perçus;

2° *Après trois années,* aussi à compter des jours de l'enregistrement, s'il s'agit d'une omission de biens dans une déclaration faite après décès;

3° *Après cinq années*, à compter du jour du décès, pour les successions non déclarées.

Les prescriptions ci-dessus seront suspendues par des demandes signifiées et enregistrées avant l'expiration des délais; mais elles seront acquises irrévocablement, si les poursuites commencées sont interrompues pendant une année, sans qu'il y ait d'instance devant les juges compétens, quand même le premier délai pour la prescription ne serait pas expiré; mais la réclamation administrative des parties, déposée, soit au secrétariat du ministère des finances, soit à celui de la direction générale de l'enregistrement, interrompt la prescription. (Décision du ministre des finances, 27 septembre 1827.)

Prescriptions, actes sous seing-privé; la date des actes sous seing-privé ne pourra cependant être opposée à l'état pour prescription des droits et peines encourues, à moins que ces actes n'aient acquis une date certaine, soit par le décès de l'une des parties, soit tout autrement.

Prestation de serment. La prestation de serment des huissiers et greffiers, des juges-de-paix, des employés des douanes, gardes-forestiers et gardes-champêtres, les gardes des ponts à bascules, les préposés des octrois, pour entrer en fonction, sont fixes. (Ordonnance du Roi, 9 décembre 1814, loi du 22 frimaire an VII, art. 68). . . . . . . 3 fr.

La prestation de serment des préposés des administrations et de toutes personnes salariées par l'état, et lorsque les traitemens, salaires ou remises n'excèderont pas 500 fr. par année, est aussi de 3 fr. (Décision ministérielle du 9 mai 1817). . . . . 3 fr.

L'art. 65 de la loi du 21 avril 1818, sur les douanes, porte que l'acte de serment des agens des douanes sera *enregistré dans les cinq jours, et qu'il sera valable pendant tout le temps où l'employé restera en exercice;* le comité des finances a décidé, le 26 décembre 1832, que les employés des douanes ne seront pas assujétis, comme les employés des autres administrations, à renouveler l'acte de leur serment lorsqu'ils changent de grade; cette prestation a été fixée par arrêté du ministre des finances, du 7 Juin 1833, pour les grades inférieurs. . . . . 3 fr.

Et pour la prestation de serment des lieutenans d'ordre, lieutenans principaux, capitaines de brigades, et tous autres préposés des douanes. (Instruction ministérielle, 24 juillet 1833). . . . . 15 fr.

Prestation de serment des notaires, des greffiers et huissiers des tribunaux civils, criminels, correctionnels et de commerce, et tous autres employés salariés, pour entrer en fonctions (loi du 22 frimaire an VII, art. 68). . . . . 15 fr.

Sont compris les avoués, avocats et défenseurs officieux, au même droit, ainsi que tous ceux employés dans lesdits tribunaux et dont le traitement est au-dessus de 500 fr.

Il n'est dû aucun droit lorsque les employés changent seulement de résidence; ils font inscrire et viser l'acte primitif au tribunal dont ils ressortent. (Décisions du ministre des finances des 17 février et 14 mai 1817).

Prestation de serment des comptables du trésor. Une ordonnance du Roi du 7 Octobre 1814, assujétit tous les receveurs comptables de la cour des comptes, ainsi que les percepteurs, au droit fixe de. . . . . 15 fr.

Polices (les) d'assurances maritimes ne sont assujéties qu'au droit fixe d'enregistrement de. . . . . 1 fr.

Le paiement du droit proportionnel est perçu seulement lorsqu'il sera fait usage de ces actes en justice. (Loi 16 juin 1824, art. 5).

Priviléges de second ordre, pour bailleur de fonds, droit fixe. . . . . 1 fr.

Prisées ou ventes d'immeubles, droit fixe. (Loi du 22 frimaire an VII, art. 68). . . . . 2 fr.

Procès-verbaux et rapports d'employés, gardes, commissaires, séquestres, experts et arpenteurs, droit fixe. (Loi du 28 avril 1816, art. 43). . . . . 2 fr.

Procès-verbaux de délits et contraventions aux règlements généraux de police ou d'impositions. (Loi du 22 frimaire an VII, art. 68), droit fixe, en débet . . . . . 1 fr.

Procès-verbaux concernant la police ordinaire, et qui ont pour objet la poursuite et la répression des délits et contraventions aux règlemens généraux de police et d'impositions, en débet. (Loi du 22 frimaire an VII, art. 68.)

Procès-verbaux de cote et paraphe des commerçans; droit fixe. (Loi 28 avril 1816, art. 73). . . . . 1 fr.

Procurations et pouvoirs pour agir, ne contenant aucune stipulation ni clause donnant lieu au droit proportionnel fixe. (Loi 28 avril 1816, art. 17). . . . . 2 fr.

Nota. L'art. 1er du décret du 21 Décembre 1808 exempte de tous droits les procurations des sous-officiers et soldats en retraite pour toucher leurs pensions.

Promesse de payer en argent ou créances, par chaque 100 francs. . . . . 1 fr.

Prorogations de délai par un créancier à son débiteur, et lorsque le titre de la créance est enregistré, droit fixe. 1 fr.

Ratifications pures et simples d'actes en formes. (Loi du 22 frimaire an VII, art. 68), droit fixe. . . . . 1 fr.

Reconnaissances pures et simples ne contenant aucune obligation ni quittance. (Loi 28 avril 1816 art. 43), droit fixe. . . . . 2 fr.

Reconnaissances portant obligation ou constatant un dépôt de sommes chez un particulier, par chaque 100 fr. . . 1 fr.

Remboursemens ou achats de rentes et redevances de toute nature, par chaque 100 fr. . . . . 50 c.

Renonciations à successions, legs ou communautés, lorsqu'elles sont pures et simples, droit fixe . . . . 1 fr.

Réparations d'injures personnelles. (Loi du 22 frimaire an VII, art. 68), fixe. . . . . 2 fr.

Résiliations pures et simples. (Loi du 28 avril 1816, art. 43), fixe. . . . . 2 fr.

Retours de partages de biens meubles, par chaque 100 fr. (Loi du 22 frimaire an VII, art. 69). . . . . 2 fr.

Retours d'échanges et de partages de biens immeubles. (Loi 28 avril 1816, art. 52). . . . . 5 fr. 50 c.

Retraits exercés après l'expiration des délais convenus par les contrats de vente sous faculté de réméré, par chaque 100 fr. (Lois 22 frimaire an VII, art. 69, et 28 avril 1816, art. 52). . . . . 5 fr. 50 c.

Nota. Le réméré, exercé après le délai fixé par le contrat de vente, doit être assujéti au droit de vente immobilière, encore bien que le délai ait été provoqué par justice. (Arrêt de la Cour de Cassation du 22 brumaire an XIV.)

Réunions d'usufruit à la propriété. Lorsque la réunion s'opère par acte de cession et qu'elle n'est pas faite pour un prix supérieur à celui sur lequel le droit a été perçu lors de l'aliénation de la propriété, droit fixe. (Loi 28 avril 1816, art. 44). . . . . 3 fr.

Nota. Toutefois que le nu-propriétaire qui réunit *à titre singulier*, possédait la nue-propriété pour l'avoir recueillie par succession ou de tout autre manière, sans que l'acte qui lui avait conféré cette nue-propriété ait été soumis au droit additionnel de 1 fr. 50 c. p. 100, ce droit est exigible sur la valeur stipulée pour la réunion de l'usufruit. (Décision du ministre des finances du 28 novembre 1821 et 19 février 1823).

Si le prix de la cession est supérieur à l'évaluation qui en aura été faite pour régler le droit de la translation de propriété, il est dû un supplément de droit sur ce qui se trouve excéder cette évaluation.

Lorsque la réunion s'opère sans acte, il n'est dû aucun droit. (Loi du 22 frimaire an VII, art. 15).

Successions. Les droits de mutations qui s'effectuent par décès, soit par successions, soit par testamens ou autres actes de libéralité à cause de mort, de propriété ou d'usufruit de biens meubles et immeubles, sont *perçus selon la quotité* ci-après.

Pour payer les droits de successions, il y a six mois à compter du jour de l'inscription du décès à l'état civil; après ces six mois expirés, le double droit est dû.

En ligne directe, lorsque l'époux survivant ou les enfans naturels sont appelés à la succession à défaut de parens au degré successible, ils doivent être considérés, *quant à la quotité des droits,* comme personnes non parentes.

Non parentes:

Meubles. . . . . 25 c. p. 100.

Immeubles. . . . . 1 fr. p. 100.

Entre époux, par donations ou legs, lorsque l'époux survivant ou les enfans naturels sont appelés à la succession à défaut de parens au degré successible, ils doivent être considérés, *quant à la quotité des droits*, comme personnes non parentes.

1° Entre frères et sœurs, oncles et tantes, neveux et nièces, pour donations entre vifs par contrat de mariage :

Sur les meubles . . . . 2 fr. pour cent.

Sur les immeubles . . . . 4 fr. 50 c. pour cent.

Pour les donations entre vifs, hors contrat de mariage, et les mutations par décès :

Sur les meubles. . . . . 3 fr. pour cent.

Sur les immeubles. . . . . 6 fr. 50 c. pour cent.

2° Entre grands-oncles et grand'tantes, petits neveux et petites nièces et cousins germains :

Pour les donations entre vifs par contrat de mariage :

Sur les meubles. . . . . 2 fr. 50 c. pour cent.

Sur les immeubles. . . . . 5 fr. pour cent.

Pour les donations entre vifs hors contrat de mariage, et les mutations par décès :

Sur les meubles. . . . . 4 fr. pour cent.

Sur les immeubles. . . . . 7 fr. pour cent.

3° Entre parens au-delà du 4me degré et jusqu'au 12me ;

Pour les donations par contrats de mariage :

Sur les meubles . . . . 3 fr. pour cent.

Sur les immeubles . . . . 5 fr. 50 c. pour cent.

Et pour les donations entre vifs hors contrats de mariage, et les mutations par décès :

Sur les meubles. . . . . 5 fr. pour cent.

Sur les immeubles. . . . . 8 fr. pour cent.

4° Entre personnes non parentes, pour les donations entre vifs par contrats de mariage :

Sur les meubles. . . . . 4 fr. pour cent.

Sur les immeubles. . . . . 6 fr. pour cent.

Pour les donations entre vifs hors contrats de mariage, et les mutations par décès :

Sur les meubles. . . . . 6 fr. pour cent.

Sur les immeubles. . . . . 9 fr. pour cent.

(Loi du 21 avril 1832, art. 33).

Testamens et tous actes de libéralité qui ne contiennent que des dispositions soumises à l'évènement du décès, et les dispositions de même nature qui sont faites par contrats de mariage, entre les futurs ou d'autres personnes, droit fixe (Loi du 28 avril 1816, art. 45). . . . . 5 fr.

Nota. Le droit, pour les dispositions par actes de mariage, sera perçu indépendamment de celui du contrat.

Traités qui contiennent obligations de sommes en valeurs mobilières, sans qu'il y ait transmission d'objets mobiliers. . . . . 1 pour cent.

Traités contenant cession d'objets mobiliers. 2 pour cent.

Transactions, en quelque manière que ce soit, qui ne contiennent aucune stipulation de sommes et valeurs, ni dispositions soumises à un plus fort droit d'enregistrement. (Loi du 28 avril 1816, art. 44). . . . . 3 fr. fixe.

Transactions contenant obligation de sommes, sans libéralité et sans que les obligations soient le prix d'une transmission de meubles ou immeubles, non enregistrée, par chaque 100 fr. . . . . 1 fr.

Transports de sommes, par chaque 100 fr. . . . . . . 1 fr.

Ventes d'immeubles. (Loi du 28 avril 1816, art. 52.) par chaque 100 fr. 5 fr. 50 c.

Nota. La formalité de transcription au bureau des hypothèques ne donne plus lieu à aucun droit proportionnel.

Si l'usufruit est réservé par le vendeur, il sera évalué à la moitié de tout ce qui forme le prix du contrat, et le droit sera perçu sur le total; mais il ne sera dû aucun autre droit pour la réunion de l'usufruit à la propriété.

Vente de réméré. La vente avec faculté de réméré, translative de propriété, quoique résolue sous condition, demeure sujette aux mêmes droits que les ventes ordinaires, par chaque 100 fr. . . . . 5 fr. 50 c.

§ III. — *Droits d'enregistremens relatifs au commerce.*

205. Les procès-verbaux d'apposition de reconnaissance et de levée de scellés, et les inventaires dressés après faillite dans les cas prévus par les articles 449, 450 et 486 du code de commerce, ne seront assujétis chacun qu'à un seul droit fixe d'enregistrement, quelque soit le nombre des vacations. (Loi du 24 mai 1834, art. 11). . . . . 2 fr.

206. Les ventes qui seront faites de meubles et marchandises, conformément à l'art. 492 du code de commerce, ne seront assujéties qu'au droi. proportionnel. (Même loi, art. 12.) par chaque 100 fr. . . . . 50 c.

207. Les procès-verbaux d'affirmation de créance, faits en exécution de l'art. 507 du code de commerce, ne sont assujétis qu'à un seul droit fixe, quelque soit le nombre des déclarations affirmatives. (Même loi, art. 13.) . . . . . 3 fr.

208. Les concordats ou attermoiemens consentis conformément aux art. 519 et suivans du code de commerce, ne seront assujétis qu'au droit fixe, quelleque soit la somme que le failli s'oblige à payer. (Même loi, art. 14.) . . . . 3 fr.

209. Les quittances de répartition données par les créanciers au syndic ou au caissier de la faillite, en exécution de l'art. 561 du code de commerce, ne seront sujettes qu'au droit fixe, quelque soit le nombre d'émargemens sur chaque état de répartition. (Même loi, art. 15.) . . . . 2 fr.

210. Les actes de prêts sur dépôts ou consignations de marchandises, fonds français et actions des compagnies d'industrie et de finance, dans le cas prévu par l'art. 9 du code de commerce, sont admis à l'enregistrement moyennant le droit fixe (Loi du 8 septembre 1830, art. 1er.) de. . . 2 fr.

CHAPITRE V.

Appel de jugement, consignation d'amende.

211. *Tribunal de paix*. Appel en première instance. . . . . 5 fr.

Appel en cassation. 150

Tribunal de paix, police. Appel au correctionnel. 1

Appel en cassation. 150

Mairie, simple police. Appel au correctionnel. . 1

Appel en cassation. 150

Tribunal de première instance, section civile. Appel à la cour royale. 10

Appel en cassation. 150

Section correctionnelle. Appel à la cour royale. . 10

Appel en cassation. 150

Tribunal de commerce. Appel à la cour royale. . 10

Appel en cassation. 150

Cours royales. Appel en cassation. . . . . . 150 fr.

Appel des Cours d'assises. 150

Tribunaux de prud'hommes. Appel aux tribunaux de première instance ou à celui de commerce. . . . 5

Appel à la cour royale. 10

Appel en cassation. 150

Conseil de guerre permanent. Appel en cassation. 150

Conseil de discipline, garde nationale. Appel en cassation. (Loi du 22 mars 1831, art. 120). . 37 fr. 50 c.

Nota. Tous les actes relatifs au conseil de discipline de la garde nationale, sont enregistés gratis. (Loi du 22 mars 1831, art. 121.)

Lorsque des indigens seront condamnés, par tel tribunal que ce soit, et qu'ils voudront se pourvoir en cassation, ils seront dispensés de la consignation. (Loi du 14 brumaire an V, art. 2.)

En matière de police simple, correctionnelle ou criminelle, s'il y a jugement par défaut ou par contumace, la consignation, pour le pourvoi en cassation, n'est que de la moitié du droit. . . . . 75 fr.

212. Une déclaration du 21 mars 1671, et l'édit du roi de février 1691, l'arrêté du gouvernement du 27 nivôse, an X, prescrivent à tout individu appelant d'un jugement, de consigner d'avance le montant de l'amende; faute de ce faire, son pourvoi ne serait point admis.

213. Quand deux parties se rendent immédiatement, appelant d'un même jugement, l'une et l'autre doivent consigner l'amende, chacune pour son propre compte. (Décision du ministre de la justice, du 23 germinal an XIII, arrêt de la Cour de cassation, du 1er brumaire an VII.)

214. Lorsque l'appel est déclaré bien fondé, et le pourvoi admis, l'amende est restituée. (Arrêté du gouvernement, 27 nivôse an X, art. 12.)

§ Ier. — *Certificat d'indigence pour se pourvoir en cassation.*

215. Une foule d'arrêts de la cour de cassation a jugé que les certificats d'indigence, pour être valables, doivent être délivrés par le maire, approuvés par le sous-préfet et par le préfet, à peine de rejet du certificat et du pourvoi. Il faut, à peine de déchéance, un certificat du percepteur de la commune du domicile de la personne qui se pourvoit, constatant qu'elle n'est point imposée ou qu'elle paie moins de 6 fr. de contributions. (Arrêt de la Cour de cassation, du 9 février 1832.).

216. Le certificat délivré par le percepteur, doit être certifié par le maire et le préfet, et non visé; *ce dernier mot entraînerait le rejet du pourvoi.*

217. L'approbation du préfet donnée à une attestation émanée d'un autre que du percepteur, ne satisfait pas le vœu de la loi et ne peut dispenser la consignation de l'amende.

218. Nul autre que le percepteur ne peut valablement délivrer l'extrait exigé. (Arrêt de la Cour de cassation, du 22 prairial an XII.)

§ II. — *Délai pour former appel des jugemens.*

219. Appel d'un jugement de simple police, à dater de sa signification, qu'il soit contradictoire ou par défaut. 10 jours.

Appel d'un jugement de police correctionnelle ; s'il est par défaut, à dater de sa signification. . . . . . . 10 jours.

Idem idem, s'il est contradictoire, à dater du prononcé du jugement. . . . . 10 jours.

Appel des jugemens des juges-de-paix, en matière civile au-dessus de 100 fr., au tribunal de première instance ;

Idem idem en matière de police, à la police correctionnelle, à dater du prononcé. (Code de Procéd., art. 16.) 3 mois.

Appel des jugemens de première instance, en matière civile et au-dessus de 1500 fr., à la cour royale.

Idem idem, en matière correctionnelle (chambre des appels), à la cour royale, à dater du prononcé . . . 3 mois.

Appel des jugemens des tribunaux de commerce, au-dessus de 1500 fr., à la cour royale. . . . . 3 jours.

Appel des jugemens des prud'hommes, au-dessus de 100 fr., au tribunal de première instance, ou au tribunal de commerce. (Décret du 11 juin 1809, art. 23). . . . . 3 jours.

Appel des jugemens des conseils de discipline, soit par défaut ou contradictoires, à compter de la notification, 3 jours. (Loi du 22 mars 1831, art. 122.)

220. Appel de jugemens ou arrêts par défaut, à dater de la signification. . . . . 10 jours.

Appel de jugemens ou arrêts contradictoires, à dater du prononcé. . . . . 10 jours.

221. Dans les départemens où il n'y a point de cour royale, l'appel des jugemens des tribunaux d'arrondissement de sous-préfectures jugeant correctionnellement, se portent au tribunal du chef-lieu du département.

222. L'appel des jugemens rendus par le tribunal de première instance, chef-lieu de département, jugeant correctionnellement, se portent devant le tribunal du chef-lieu du département le plus voisin; mais à distance égale, c'est devant la Cour royale, chambre des appels.

§ III. — *Prescription pour amendes.*

223. *Contraventions.* Le taux des contraventions est déterminé par l'art. 10 de la loi de 1824, pour les pièces administratives; et les art. 19 et 20 de la loi de 1834, pour les effets négociables. Nous en avons donné la nomenclature.

224. Les contraventions se constatent par procès-verbaux; elles se prescrivent par *deux années* à compter du jour où les agens ont été mis à portée de les constater. Il y a également prescription après deux ans à dater du procès-verbal constatant la contravention et s'il n'y a pas eu de jugement, à la suite du procès-verbal.

225. Le recouvrement d'une amende acquise à l'état ne se prescrit que par 30 ans, lorsqu'il y a jugement.

226. Les contrevenans n'ont que deux ans pour se faire restituer l'amende indument perçue; ce délai compte du jour où il a été mis en demeure.

227. Quand le droit à cette restitution a été reconnu par l'autorité supérieure, ou qu'il y a jugement, les ayant-droits ont 30 ans pour poursuivre le recouvrement.

228. La prescription s'interrompt par des demandes signifiées et enregistrées avant l'expiration du délai; mais elle est acquise si les poursuites sont suspendues pendant une année.

§ IV. — *Enregistrement et promulgation des lois et ordonnances du roi.*

229. La loi du 5 novembre 1789 porte que toute cour, même en vacation, tribunal, municipalité, corps administratifs, qui n'auront pas inscrit sur leurs registres, dans les trois jours après la réception et fait publier dans la huitaine, les lois faites par les représentans de la nation, sanctionnées, acceptées et envoyées par le roi, seront poursuivis comme prévaricateurs dans leurs fonctions, et coupables de forfaiture.

CHAPITRE VI.

Contrainte par corps pour amendes.

230. Les amendes prononcées par les tribunaux ou les autorités administratives, sont recouvrées par les soins de l'administration de l'enregistrement, et par voie de contrainte par corps.

En cas d'insolvabilité, elles sont remplacées par un emprisonnement :

1° *D'un an*, s'il s'agit d'un crime;

2° *Six mois*, s'il s'agit d'un délit. (Code pénal, art. 52 et 53.)

231. En matière forestière, les condamnés à l'amende ne peuvent, malgré leur insolvabilité constatée, être mis en liberté :

1° *Quinze jours,* lorsque la condamnation *n'excède pas* 15 *fr.*

2° *Un mois,* lorsque les condamnations s'élèveront *de* 15 *à* 50 *fr.*

3° *Deux mois,* lorsque l'amende et autres condamnations seront *de* 50 *à* 100 *fr.*

4° *Quatre mois,* quel que soit la quotité des condamnations au-dessus de 100 fr. (Code forestier, articles 212 et suivans, et 420, code d'instruction criminelle.)

232. En matière de contributions indirectes et d'octroi, la contrainte par corps ne peut être prononcée par les tribunaux que pour une somme au-dessus de 200 fr. (Loi du 17 avril 1832, art. 35 et 36.)

§ Ier. — *Prescription des amendes.*

233. Les amendes se prescrivent comme les peines corporelles, par :

1° *Vingt ans* s'il s'agit de crimes;

2° *Cinq ans* s'il s'agit d'un délit;

3° *Deux ans* s'il s'agit de contravention. (Code d'instruction, articles 635, 636, 639.)

234. La loi du 22 frimaire an VII, article 52, établit que ces amendes en matière d'enregistrement, seront prescrites par *deux ans* lorsque ces actes ont été enregistrés sans qu'il ait été fait aucune poursuite pour en obtenir le paiement.

235. Mais les amendes pour contravention aux lois du timbre ne se prescrivent que par *trois ans*. (Décision du ministre des finances, du 12 septembre 1825.)

§ II. — *Dispositions particulières relatives au timbre.*

236. Un avis imprimé par lequel un marchand grainetier annonce au public les différentes espèces de graines, de fleurs, de céréales ou autres qu'il tient en magasin, avec indication du prix courant, est sujet au timbre sous peine d'amende. (Loi du 6 prairial an VII, articles 1er et 4; arrêt de la Cour de cassation, 10 juin 1839.)

237. Les consultations d'avocats sont également soumises au timbre, encore bien qu'elles ne soient pas destinées à être produites en justice. (Loi du 13 brumaire an VIII, article 12.)

L'avocat qui a rédigé une consultation sur papier non-timbré, est personnellement responsable envers l'administration de l'enregistrement des droits du timbre, et de l'amende due en raison de cette contravention. (Arrêt de la Cour de cassation, des 6 février 1815, 8 janvier 1822, 23 novembre 1824 et 19 novembre 1839.)

§ III. — *Notariat, dispositions y relatives.*

238. Aux termes de la loi du 25 ventôse an XI, le notariat est placé sous la surveillance des tribunaux; toutes plaintes doivent être adressées au procureur du roi. Il est juste et convenable, en effet, que la magistrature étende son autorité sur des fonctionnaires entre les mains desquels la loi remet les intérêts des citoyens, et dont quelques-uns ont su tromper sa confiance.

239. La loi du 2 nivôse an XII a institué des chambres de discipline pour les notaires, afin de donner plus de sécurité aux intérêts des citoyens; cette institution eut lieu en exécution de la loi du 25 ventôse an XI, article 50.)

240. Les chambres de discipline des notaires doivent concilier, autant que possible, les plaintes qui leur sont adressées par des tiers; s'il y a impossibilité, il y a pourvoi devant les tribunaux. (Ordonnance du roi, du 4 janvier 1843, articles 2 et 3.)

241. Il est interdit aux notaires, soit par eux-mêmes, soit par des personnes interposées, soit directement ou indirectement :

1° De se livrer à aucune spéculation de bourse ou opération de commerce, banque, escompte et courtage, sources de tant de malversations et de ruines des cliens;

2° De s'immiscer dans l'administration d'aucune société, entreprise ou compagnie de finance, de commerce ou d'industrie;

3° De faire des spéculations d'aucune nature;

4° De s'intéresser dans aucune affaire pour laquelle ils prêtent leur ministère;

5° De placer, en leur nom personnel, des fonds qu'ils auraient reçus eux-mêmes, à la condition d'en servir les intérêts;

6° De se constituer garants ou cautions, à quelque titre que ce soit, des prêts qui auraient été faits par leur intermédiaire, ou qu'ils auraient été chargés de constater par acte public ou privé;

7° De ne servir de prête-nom, en aucune circonstance, même par des actes autres que ceux désignés ci-dessus. Tous citoyens qui auraient connaissance de l'existence de ces manœuvres, doivent, dans l'intérêt général de la société, les signaler à la vindicte publique. (Ordonnance du Roi, 4 janvier 1843, article 12).

242. Les contraventions aux prohibitions portées à l'article précédent, doivent, ainsi que les autres infractions à la discipline, être poursuivies lors même qu'il n'existerait aucune partie plaignante, et punies suivant la loi du 25 ventôse an XI et de l'ordonnance du 4 janvier 1843. (Même ordonnance, art. 13.)

243. La chambre des notaires doit toujours instruire le procureur du roi des décisions qu'elle prend ainsi que des motifs. (Ordonnance, 4 janvier 1843, article 16).

NOTA. Cette sage mesure mettra fin à ces spéculations dont le public est toujours la victime et la dupe; d'après un compte rendu du ministre de la justice, il y avait, en France, de notaires en exercice, 9,975.

Ils avaient des actes de toutes espèces, 3,431,553.

C'est par chaque notaire, 344.

Une étude ou charge de notaire se vend, à Paris, 550,000 à 880,000 fr.; en province, Bordeaux, Rouen, Lyon, Marseille, de 180,000 à 320,000 fr.; les spéculations et chances de bourse et autres opérations clandestines n'étaient pas étrangères à ces prix énormes, et dont souvent le public en payait les frais.

CHAPITRE VII.

Jurisprudence de la Cour de Cassation et du Conseil d'état.

244. L'administration de l'enregistrement ne peut jamais être condamnée à payer les intérêts des sommes qu'elle est obligée de restituer, comme induement perçue. (Loi du 22 frimaire an VII, article 68, n° 45; article 69, n°s 5 et 7; arrêts de la Cour de cassation des 19 novembre 1839 et 21 mars 1842.)

245. *Contravention.* Toutes lettres de voiture ou connaissemens non timbrés ou non frappés du timbre noir et sec: la contravention sera punie *d'une amende de* 15 *fr.*, payable solidairement:

1° S'il s'agit d'une lettre de voiture, par l'expéditeur et par le voiturier;

2° S'il s'agit de connaissement, par le chargeur ou le capitaine. (Loi du 11 juin 1842, article 7.)

246. *Timbre, affiches.* On peut, sans contravention aux lois sur le timbre, imprimer plusieurs annonces sur la même affiche. L'article 23 de la loi du 13 brumaire an VII, qui défend de rédiger plusieurs actes sur une même feuille de papier timbré, ne s'applique pas aux affiches. (Arrêt de la Cour de cassation, du 2 février 1842.)

247. *Médecin, avis imprimé.* Un avis imprimé dans lequel un docteur ou médecin se présente comme inventeur d'un moyen de guérir, et indique les cures qu'il a faites, et le lieu, le jour et l'heure d'ouverture d'un cabinet de consultation, ne peut être exempt du timbre, comme restant dans l'exception établie par l'article 83 de la loi du 15 mai 1818, pour les annonces, prospectus et catalogues d'objets relatifs aux sciences et aux arts. La contravention est motivée par les lois des 6 prairial an VII, articles 1er et 4; 28 avril 1816, articles 67 à 69. (Arrêts de la Cour de cassation, des 16 novembre 1835, 12 juillet 1842.)

248. *Algérie.* Une ordonnance du roi rend applicable et exécutoire, en Algérie, les lois, décrets et ordonnances qui régissent en France l'impôt et les droits de timbre. (Ordonnance du roi du 10 janvier 1843.)

Il en a été ainsi pour l'enregistrement. (Ordonnance du roi du 19 octobre 1842.)

249. La prescription de deux ans, à l'égard de la contravention, résultant de ce que, dans une copie, l'huissier a excédé le nombre des lignes autorisées par le décret du 29 août 1813, court à partir de l'enregistrement de l'original de l'exploit, lorsqu'il constate que la copie a été remise ou déposée dans un lieu public. (Arrêté du Conseil d'état du 22 août 1810; loi du 16 juin 1824, article 14; arrêt de la Cour de Cassation, du 7 août 1844.)

250. Toute lettre de voiture ou connaissement non timbré, soit d'un *timbre noir ou sec,* donne lieu à une amende *de* 36 *fr.*, payable solidairement :

1° S'il s'agit *de lettres de voiture,* c'est l'expéditeur ou le voiturier;

2° Et si c'est *un connaissement,* par le chargeur ou le capitaine du navire ou bateau. (Loi du 11 juin 1842, art. 7.)

Nota. Doit-on comprendre comme lettre de voiture ou connaissement sujet à la formalité du timbre, *les simples notes* données soit à un charretier, soit à un marinier, contenant le détail des divers objets qui leur sont confiés ? nous ne le pensons pas..... car ce ne sont pas des lettres de voiture, elles ne s'appliquent à aucun acte de commerce (code de commerce, titre 6); c'est donc de toute manière rentrer dans la vérité de la loi, que de ne point exiger le timbre pour de simples déclarations de propriétaires.

251. Les préposés des douanes et des octrois peuvent se faire représenter les lettres de voiture, connaissemens, chartes-parties, polices d'assurance, de marchandises et de tous autres objets dont le transport se fait par terre ou par eau; vérifier si ces actes sont inscrits sur papier timbré. (Décret du 16 messidor an XIII, art. 1er; loi du 6 prairial an VII, art. 5.)

252. En cas de contravention, ils en rédigent procès-verbaux pour réclamer l'application de l'amende. (De la loi, article 2.)

253. Il est accordé par procès-verbal :

1° *La moitié de l'amende* aux employés qui ont constaté la contravention;

2° L'autre moitié revient aux employés de l'enregistrement, quoiqu'ils n'aient pas découvert cette contravention. (Même loi, article 3 et 4.)

254. Les imprimés circulant sous forme de lettres, sont soumis au timbre, et doivent être soumis à cette formalité avant que d'être imprimés. (Ainsi jugé par la Cour de cassation, par son arrêt du 12 septembre 1809; loi du 28 avril 1816, article 76.)

255. 1° Les annonces, prospectus et catalogues de libraires sont exempts du timbre. (Loi du 25 mars 1817, art. 76).

2° Les annonces, prospectus et catalogues d'objets relatifs aux sciences et arts, sont également exempts du timbre. (Loi 15 mai 1818, titre VII, art. 83).

3° L'exemption du timbre, portée au n. 2, s'applique à tout ce qui est sciences et arts.

Nota. Ainsi tout ce qui rentre dans la dénomination portée aux trois articles précédents, peuvent circuler par toute la France et ses dépendances sans la formalité du timbre.

CONCORDANCE

DES CALENDRIERS

GRÉGORIEN ET RÉPUBLICAIN.

CONCORDANCE.

1er. DÉCRETS RELATIFS A L'ÉTABLISSEMENT DE L'ÈRE RÉPUBLICAINE.

Décret de la Convention nationale, concernant l'Ère des Français.

Du 5 Octobre 1793, l'an second de la République française, une et indivisible.

La Convention nationale, après avoir entendu son Comité d'Instruction publique, décrète ce qui suit:

ARTICLE PREMIER.

L'ère des Français compte de la fondation de la république, qui a eu lieu le 22 septembre 1792 de l'ère vulgaire, jour où le soleil est arrivé à l'équinoxe vrai d'automne, en entrant dans le signe de la balance, à 9 heures 18 minutes 30 secondes du matin, pour l'observatoire de Paris.

II. L'ère vulgaire est abolie pour les usages civils.

III. Le commencement de chaque année est fixé à minuit commencant le jour où tombe l'équinoxe vrai d'automne pour l'observatoire de Paris.

IV. La première année de la république française a commencé à minuit le 22 septembre 1792, et a fini à minuit, séparant le 21 du 22 septembre 1793.

V. La deuxième année a commencé le 22 septembre 1793 à minuit, l'équinoxe vrai d'automne étant arrivé pour l'observatoire de Paris à 3 heures 7 minutes 19 secondes du soir.

Décret du 5 Octobre 1793.

VI. Le décret qui fixait le commencement de la seconde année au 1er janvier 1793, est rapporté. Tous les actes datés l'an 2 de la république, passés dans le courant du 1er janvier au 22 septembre exclusivement, sont regardés comme appartenant à la première année de la république.

VII. L'année est divisée en douze mois égaux de trente jours chacun, après lesquels suivent cinq jours pour compléter l'année ordinaire et qui n'appartiennent à aucun mois; ils sont appelés les *jours complémentaires*.

VIII. Chaque mois est divisé en trois parties égales de dix jours chacune, et qui sont appelées *décades*, distinguées entre elles par première, seconde et troisième.

IX. Les mois, les jours de la décade, les jours complémentaires, sont désignés par les dénominations ordinales premier, second, troisième, etc. mois de l'année; premier, second, troisième, etc. jour de la décade; premier, second, troisième, etc. jour complémentaire.

X. En mémoire de la révolution qui, après quatre ans, a conduit la France au Gouvernement républicain, la période bissextile de quatre ans est appelée *la Franciade*.

Le jour intercalaire qui doit terminer cette période, est appelé le jour de *la Révolution*. Ce jour est placé après les cinq jours complémentaires.

XI. Le jour, de minuit à minuit, est divisé en dix parties; chaque partie en dix autres, ainsi de suite jusqu'à la plus petite portion commensurable de la durée. Cet article ne sera de rigueur pour les actes publics, qu'à compter du premier mois de la troisième année de la république.

XII. Le comité d'instruction publique est chargé de faire imprimer, en différens formats, le nouveau calendrier, avec une instruction simple pour en expliquer les principes et les usages les plus familiers.

XIII. Le nouveau calendrier ainsi que l'instruction seront envoyés aux corps administratifs, aux municipalités, aux tribunaux, aux juges-de-paix et à tous les officiers publics, aux instituteurs et professeurs, aux armées et aux sociétés populaires. Le conseil exécutif provisoire les fera passer aux ministres, consuls et autres agens de France dans les pays étrangers.

XIV. Tous les actes publics sont datés suivant la nouvelle organisation de l'année.

XV. Les professeurs, les instituteurs et institutrices, les pères et mères de famille, et tous ceux qui dirigent l'éducation des enfans de la république, s'empresseront de leur expliquer le nouveau calendrier, conformément à l'instruction qui y est annexée.

XVI. Tous les quatre ans ou toutes les Franciades, au jour de la Révolution, il sera célébré des jeux républicains en mémoire de la révolution française.

Décret de la Convention nationale, qui fixe l'époque à laquelle les opérations des différentes Administrations seront réglées suivant le Calendrier républicain.

Du 1er jour du 2me mois de l'an second de la République française, une et indivisible.

La Convention nationale, après avoir entendu son comité des finances, décrète :

ARTICLE PREMIER.

Pour toutes les administrations dont la comptabilité est établie par exercices, celui commencé au 1er janvier 1793, continuera jusqu'au premier jour du premier mois de la troisième année de l'ère républicaine.

II. Toutes les administrations dont les recettes, dépenses et opérations quelconques étaient divisées par trimestres, adopteront le calendrier républicain, de manière que le trimestre courant finisse au dernier jour du troisième mois (20 décembre 1793, vieux style.)

III. Toutes les administrations dont les recettes, dépenses et opérations quelconques étaient divisées par mois et portions de mois, adopteront le calendrier républicain, de manière qu'il ait son entier effet le premier jour du troisième mois.

IV. Toutes les administrations dont les recettes, dépenses et opérations quelconques étaient divisées par semaines, adopteront la division par décades du calendrier républicain, de manière qu'il ait son entier effet le premier jour de la première décade du troisième mois.

Décret de la Convention nationale sur l'ère, le commencement et l'organisation de l'année, et sur les noms des jours et des mois.

Du 4e jour de Frimaire an second de la République française, une et indivisible.

La Convention nationale, après avoir entendu son comité d'instruction publique, décrète ce qui suit :

ARTICLE PREMIER.

L'ère des Français compte de la fondation de la république, qui a eu lieu le 22 septembre 1792 de l'ère vulgaire, jour où le soleil est arrivé à l'équinoxe vrai d'automne, en entrant dans le signe de la balance à 9 heures 18 minutes 30 secondes du matin, pour l'observatoire de Paris.

II. L'ère vulgaire est abolie pour les usages civils.

III. Chaque année commence à minuit, avec le jour où tombe l'équinoxe vrai d'automne pour l'observatoire de Paris.

IV. La première année de la république française a commencé à minuit le 22 septembre 1792, et a fini à minuit séparant le 21 du 22 septembre 1793.

V. La seconde année a commencé le 22 septembre 1793 à minuit, l'équinoxe vrai d'automne étant arrivé ce jour-là pour l'observatoire de Paris à 3 heures 11 minutes 38 secondes du soir.

VI. Le décret qui fixait le commencement de la seconde année au 1er janvier 1793 est rapporté ; tous les actes datés de l'an second de la république, passés dans le courant du 1er janvier au 21 septembre inclusivement, sont regardés comme appartenant à la première année de la république.

VII. L'année est divisée en douze mois égaux, de trente jours chacun ; après les douze mois suivent cinq jours pour compléter l'année ordinaire ; ces cinq jours n'appartiennent à aucun mois.

VIII. Chaque mois est divisé en trois parties égales, de dix jours chacune, qui sont appelées *Décades*.

IX. Les noms des jours de la décade sont : Primidi, Duodi, Tridi, Quartidi, Quintidi, Sextidi, Septidi, Octidi, Nonidi, Décadi.

Les noms des mois sont pour l'Autonme, *Vendémiaire, Brumaire, Frimaire.*

Pour l'Hiver, *Nivôse, Pluviôse, Ventôse.*

Pour le Printemps, *Germinal, Floréal, Prairial.*

Pour l'Eté, *Messidor, Thermidor, Fructidor.*

Les cinq derniers s'appellent jours *Sansculotides.*

Nota. *Par un décret du 7 fructidor an 3, la Convention a rapporté cette disposition, et a ordonné que les derniers jours du Calendrier républicain porteraient le nom de* jours complémentaires, *au lieu de celui des* Sansculotides.

X. L'année ordinaire reçoit un jour de plus, selon que la position de l'équinoxe le comporte, afin de maintenir la coïncidence de l'année civile avec les mouvemens célestes. Ce jour, appelé *jour de la Révolution*, est placé à la fin de l'année, et forme le sixième des *Sansculotides.*

La période de quatre ans, au bout de laquelle cette addition d'un jour est ordinairement nécessaire, est appelée *la Franciade*, en mémoire de la Révolution qui, après quatre ans d'efforts, a conduit la France au gouvernement républicain. La quatrième année de la *Franciade* est appelée *Sextile.*

XI. Le jour, de minuit à minuit, est divisé en dix parties ou heures, chaque partie en dix autres, ainsi de suite jusqu'à la plus petite portion commensurable de la durée. La centième partie de l'heure est appelée *minute décimale;* la centième partie de la minute est appelée *seconde décimale.* Cet article ne sera de rigueur pour les actes publics, qu'à compter du 1er Vendémiaire, an III de la République.

XII. Le comité d'instruction publique est chargé de faire imprimer, en différens formats, le nouveau calendrier, avec une instruction simple pour en expliquer les principes et l'usage.

XIII. Le calendrier, ainsi que l'instruction, seront envoyés aux corps administratifs, aux municipalités, aux tribunaux, aux juges-de-paix et à tous les officiers publics, aux armées, aux sociétés populaires et à tous les colléges et écoles. Le conseil exécutif provisoire le fera passer aux ministres, consuls et autres agens de France dans les pays étrangers.

XIV. Tous les actes publics seront datés suivant la nouvelle organisation de l'année.

XV. Les professeurs, les instituteurs et institutrices, les pères et mères de famille, et tous ceux qui dirigent l'éducation des enfans, s'empresseront à leur expliquer le nouveau calendrier, conformément à l'instruction qui y est annexée.

XVI. Tous les quatre ans ou toutes les Franciades, *au jour de la révolution,* il sera célébré des jeux républicains en mémoire de la révolution française.

SÉNATUS-CONSULTE SUR LE RÉTABLISSEMENT DU CALENDRIER GRÉGORIEN.

Du 22 Fructidor an XIII.

(*Bulletin des Lois, n° 55*).

NAPOLÉON, par la grâce de Dieu et les constitutions de la République, EMPEREUR DES FRANÇAIS, à tous présens et à venir, SALUT;

Le Sénat, après avoir entendu les orateurs du Conseil d'Etat, a décrété et nous ORDONNONS ce qui suit :

Extrait des registres du Sénat conservateur, du lundi 22 fructidor an XIII.

SÉNATUS-CONSULTE.

Le Sénat conservateur, réuni au nombre de membres prescrit par l'article 90 de l'acte des constitutions du 22 frimaire an VIII ;

Vu le projet de sénatus-consulte, rédigé en la forme prescrite par l'article 57 de l'acte des constitutions du 16 thermidor an X;

Après avoir entendu, sur les motifs dudit projet, les orateurs du Gouvernement, et le rapport de la commission spéciale nommée dans la séance du 15 de ce mois, décrète ce qui suit :

Art. Ier. A compter du 11 nivôse prochain, premier janvier 1806, le calendrier grégorien sera mis en usage dans tout l'Empire français.

II. Le présent sénatus-consulte sera transmis par un message à Sa Majesté Impériale.

Les président et Secrétaires, *signé* FRANÇOIS (de Neufchâteau), *président;* COLAUD, PORCHER, *secrétaires*. Vu et scellé, *le chancelier du Sénat*, signé LAPLACE.

Mandons et ordonnons que les présentes, revêtues des sceaux de l'Etat, insérées au Bulletin des Lois, soient adressées aux Cours, aux Tribunaux et aux Autorités administratives, pour qu'ils les inscrivent dans leurs registres, les observent et les fassent observer; et notre Grand-Juge Ministre de la justice est chargé d'en surveiller la publication.

Donné au Palais impérial de Saint-Cloud, le 24 fructidor an XIII, de notre règne le second.

Signé NAPOLÉON.

Vu par nous Archi-Chancelier de l'Empire,

Signé CAMBACÉRÈS.

Par l'Empereur,

Le Secrétaire-d'Etat,

Signé HUGUES B. MARET.

Le Grand-Juge Ministre de la Justice,

Signé REGNIER.

CALENDRIER RURAL.

VENDÉMIAIRE 1er Mois		BRUMAIRE 2e Mois.		FRIMAIRE. 3e Mois.	
JOURS DU MOIS.	Productions naturelles et instrumens ruraux.	JOURS DU MOIS.	Productions naturelles et instrumens ruraux.	JOURS DU MOIS.	Productions naturelles et instrumens ruraux.
1	Raisin.	1	Pomme.	1	Raiponce.
2	Safran.	2	Céleri.	2	Turneps.
3	Châtaigne.	3	Poire.	3	Chicorée.
4	Colchique.	4	Betterave.	4	Nèfle.
5	CHEVAL.	5	OIE.	5	COCHON.
6	Balsamine.	6	Héliotrope.	6	Mâche.
7	Carotte.	7	Figue.	7	Chou-fleur.
8	Amaranthe.	8	Scorsonère.	8	Miel.
9	Panais.	9	Alisier.	9	Genièvre.
10	CUVE.	10	CHARRUE.	10	PIOCHE.
11	Pomme-de-terre.	11	Salsifis.	11	Cire.
12	Immortelle.	12	Macre.	12	Raifort.
13	Potiron.	13	Topinambour.	13	Cèdre.
14	Réseda.	14	Endive.	14	Sapin.
15	ANE.	15	DINDON.	15	CHEVREUIL.
16	Belle-de-nuit.	16	Chervi.	16	Ajonc.
17	Citrouille.	17	Cresson.	17	Cyprès.
18	Sarrasin.	18	Dentelaire.	18	Lierre.
19	Tournesol.	19	Grenade.	19	Sabine.
20	PRESSOIR.	20	HERSE.	20	HOYAU.
21	Chanvre.	21	Bacchante.	21	Erable-sucre.
22	Pêche.	22	Azerole.	22	Bruyère.
23	Navet.	23	Garance.	23	Roseau.
24	Amaryllis.	24	Orange.	24	Oseille.
25	BOEUF	25	FAISAN.	25	GRILLON.
26	Aubergine.	26	Pistache.	26	Pignon.
27	Ciment.	27	Macjonc.	27	Liége.
28	Tomate.	28	Coing.	28	Truffe.
29	Orge.	29	Cormier.	29	Olive.
30	TONNEAU.	30	ROULEAU.	30	PELLE.

CALENDRIER RURAL.

NIVOSE. 4e Mois.		PLUVIÔSE. 5e Mois.		VENTOSE. 6e Mois.	
JOURS DU MOIS.	Productions naturelles et instrumens ruraux.	JOURS DU MOIS.	Productions naturelles et instrumens ruraux.	JOURS DU MOIS.	Productions naturelles et instrumens ruraux.
1	Tourbe.	1	Lauréole.	1	Tussilage.
2	Houille.	2	Mousse.	2	Cornouiller.
3	Bitume.	3	Fragon.	3	Violier.
4	Soufre.	4	Perce-Neige.	4	Troène.
5	CHIEN.	5	TAUREAU.	5	BOUC.
6	Lave.	6	Laurier-thym.	6	Azaret.
7	Terre végétale.	7	Amadouvier.	7	Alaterne.
8	Fumier.	8	Mézéréon.	8	Violette.
9	Salpêtre.	9	Peuplier.	9	Marceau.
10	FLEAU.	10	COGNÉE.	10	BÊCHE.
11	Granit.	11	Ellébore.	11	Narcisse.
12	Argile.	12	Brocoli.	12	Orme.
13	Ardoise.	13	Laurier.	13	Fumeterre.
14	Grès.	14	Avelinier.	14	Vélar.
15	LAPIN.	15	VACHE.	15	CHÈVRE.
16	Silex.	16	Buis.	16	Epinards.
17	Marne.	17	Lichen.	17	Doronic.
18	Pierre à chaux.	18	If.	18	Mouron.
19	Marbre.	19	Pulmonaire.	19	Cerfeuil.
20	VAN.	20	SERPETTE.	20	CORDEAU.
21	Pierre à plâtre.	21	Thlaspi.	21	Mandragore.
22	Sel.	22	Thymelé.	22	Persil.
23	Fer.	23	Chiendent.	23	Cochléaria.
24	Cuivre.	24	Traînasse.	24	Paquerette.
25	CHAT.	25	LIÈVRE.	25	THON.
26	Etain.	26	Guède.	26	Pissenlit.
27	Plomb.	27	Noisetier.	27	Sylvie.
28	Zinc.	28	Ciclamen.	28	Capillaire.
29	Mercure.	29	Chelidoine.	29	Frêne.
30	CRIBLE.	30	TRAINEAU.	30	PLANTOIR.

CALENDRIER RURAL.

GERMINAL. 7e Mois.		FLORÉAL. 8e Mois.		PRAIRIAL. 9e Mois.	
JOURS DU MOIS.	Productions naturelles et instrumens ruraux.	JOURS DU MOIS.	Productions naturelles et instrumens ruraux.	JOURS DU MOIS.	Productions naturelles et instrumens ruraux.
1	Primever.	1	Rose.	1	Luzerne.
2	Platane.	2	Chêne.	2	Hémérocalle.
3	Asperge.	3	Fougère.	3	Trefle.
4	Tulipe.	4	Aubépine.	4	Angélique.
5	Poule.	5	Rossignol.	5	Canard.
6	Belette.	6	Ancolie.	6	Mélisse.
7	Bouleau.	7	Muguet.	7	Fromental.
8	Jonquille.	8	Champignon.	8	Martagon.
9	Aulne.	9	Hyacinthe.	9	Serpolet.
10	COUVOIR.	10	RATEAU.	10	FAULX.
11	Pervenche.	11	Rhubarbe.	11	Fraise.
12	Charme.	12	Sainfoin.	12	Bétoine.
13	Morille.	13	Bâton-d'or.	13	Pois.
14	Hêtre.	14	Chamérisier.	14	Acacia.
15	Abeille.	15	Ver-a-soie.	15	Caille.
16	Laitue.	16	Consoude.	16	Œillet.
17	Mélèse.	17	Pimprenelle.	17	Sureau.
18	Ciguë.	18	Corbeille-d'or.	18	Pavot.
19	Radis.	19	Arroche.	19	Tilleul.
20	RUCHE.	20	SARCLOIR.	20	FOURCHE.
21	Gainier.	21	Staticée.	21	Barbeau.
22	Romaine.	22	Fritillaire.	22	Camomille.
23	Maronnier.	23	Bourrache.	23	Chèvre-feuille.
24	Roquette.	24	Valériane.	24	Caille-lait.
25	Pigeon.	25	Carpe.	25	Tanche.
26	Lilas.	26	Fusain.	26	Jasmin.
27	Anémone.	27	Civette.	27	Verveine.
28	Pensée.	28	Buglose.	28	Thym.
29	Myrtille.	29	Sénevé.	29	Pivoine.
30	GREFFOIR.	30	HOULETTE.	30	CHARIOT.

CALENDRIER RURAL.

MESSIDOR. 10e Mois.		THERMIDOR. 11e Mois.		FRUCTIDOR. 12e Mois.	
JOURS DU MOIS.	Productions naturelles et instrumens ruraux.	JOURS DU MOIS.	Productions naturelles et instrumens ruraux.	JOURS DU MOIS.	Productions naturelles et instrumens ruraux.
1	Seigle.	1	Épeautre.	1	Prune.
2	Avoine.	2	Bouillon-blanc.	2	Millet.
3	Ognon.	3	Melon.	3	Lycoperde.
4	Véronique.	4	Ivraie.	4	Escourgeon.
5	MULET.	5	BÉLIER.	5	SAUMON.
6	Romarin.	6	Prêle.	6	Tubéreuse.
7	Concombre.	7	Armoise.	7	Sucrion.
8	Echalottes.	8	Carthame.	8	Apocyn.
9	Absinthe.	9	Mûres.	9	Réglisse.
10	FAUCILLE.	10	ARROSOIR.	10	ÉCHELLE.
11	Coriandre.	11	Panis.	11	Pastèque.
12	Artichaut.	12	Salicor.	12	Fenouil.
13	Giroflée.	13	Abricot.	13	Épine-vinette.
14	Lavande.	14	Basilic.	14	Noix.
15	CHAMOIS.	15	BREBIS.	15	TRUITE.
16	Tabac.	16	Guimauve.	16	Citron.
17	Groseille.	17	Lin.	17	Cardière.
18	Gesse.	18	Amande.	18	Nerprun.
19	Cerise.	19	Gentiane.	19	Tagette.
20	PARC.	20	ÉCLUSE.	20	HOTTE.
21	Menthe.	21	Carline.	21	Eglantier.
22	Cumin.	22	Caprier.	22	Noisette.
23	Haricots.	23	Lentille.	23	Houblon.
24	Oroanète.	24	Aunée.	24	Sorge.
25	PINTADE.	25	LOUTRE.	25	ECREVISSE.
26	Sauge.	26	Myrthe.	26	Bigarade.
27	Ail.	27	Colza.	27	Verge-d'or.
28	Vesce.	28	Lupin.	28	Maïs.
29	Blé.	29	Coton.	29	Marron.
30	CHALÉMIE.	30	MOULIN.	30	PANIER.

SANS-CULOTIDES. — FÊTES. — 1, de la Vertu; 2, du Génie; 3, du Travail; 4, de l'Opinion; 5, des Récompenses.

DU CALENDRIER GRÉGORIEN ET RÉPUBLICAIN.

Ce mot signifie le tableau contenant l'indication des mois, jours, heures et minutes de l'année.

2. Le calendrier grégorien qu'on suit aujourd'hui, tire son origine et son nom du pape Grégoire XIII, qui l'établit en 1582.

3. La loi du 5 octobre 1793 abolit ce calendrier, et lui substitua une nouvelle distribution de l'année divisée en douze mois de trente jours chacun, à la suite desquels on avait mis cinq jours qu'on appelait complémentaires, pour les années ordinaires, et de six jours pour celles bisextiles.

4. L'année républicaine commençait le 22 septembre de l'an vulgaire; les mois étaient : 1° *pour l'automne* : vendémiaire, brumaire et frimaire (22 septembre, octobre et novembre); 2° *pour l'hiver* : nivôse, pluviôse et ventôse (décembre, janvier et février); 3° *pour le printemps* : germinal, floréal et prairial (mars, avril et mai); 4° *pour l'été*: messidor, thermidor et fructidor (juin, juillet et août).

5. Les mois étaient divisés en trois parties égales de dix jours qu'on appelait décades, et ces dix jours s'appelaient : 1° primidi; 2° duodi; 3° tridi; 4° quartidi; 5° quintidi; 6° sextidi; 7° septidi; 8° octidi; 9° nonidi; 10° décadi.

6. Le jour de minuit à minuit est divisé en dix parties, et ces dix parties en dix autres parties. La durée de la partie de l'heure est appelée *minute décimale*, et la centième partie de la minute est appelée *seconde décimale*.

7. Un sénat-consulte du 22 frimaire an XIII ordonna, qu'à compter du 11 nivôse an XIII, correspondant au 1er janvier 1806, le calendrier grégorien serait remis en usage dans tout l'empire Français.

8. La loi du 16 juin 1824, art. 10, porte que les officiers ministériels et autres qui contreviendraient aux lois concernant l'annuaire français, seraient passibles d'une amende de 20 fr. par chaque contravention.

9. Nous avons pensé rendre un service important à nos lecteurs, en leur facilitant les recherches des lois, arrêtés et décrets qui reçoivent encore leur exécution et qui n'ont point été abrogés.

AN I. — 1792-93.

AN I. Vendémiaire.	AN 1792. Septembre.	AN I. Vendémiaire. suite	AN 1792. Octobre.	AN I. Brumaire. suite	AN 1792. Novembre.	AN I. Frimaire. suite	AN 1792. Décembre.	AN I. Nivôse. suite	AN 1793. Janvier.	AN I. Pluviôse. suite	AN 1793. Février.
1	22	10	1	11	1	11	1	12	1	13	1
2	23	11	2	12	2	12	2	13	2	14	2
3	24	12	3	13	3	13	3	14	3	15	3
4	25	13	4	14	4	14	4	15	4	16	4
5	26	14	5	15	5	15	5	16	5	17	5
6	27	15	6	16	6	16	6	17	6	18	6
7	28	16	7	17	7	17	7	18	7	19	7
8	29	17	8	18	8	18	8	19	8	20	8
9	30	18	9	19	9	19	9	20	9	21	9
		19	10	20	10	20	10	21	10	22	10
		20	11	21	11	21	11	22	11	23	11
		21	12	22	12	22	12	23	12	24	12
		22	13	23	13	23	13	24	13	25	13
		23	14	24	14	24	14	25	14	26	14
		24	15	25	15	25	15	26	15	27	15
		25	16	26	16	26	16	27	16	28	16
		26	17	27	17	27	17	28	17	29	17
		27	18	28	18	28	18	29	18	30	18
		28	19	29	19	29	19	30	19	An I. — Ventôse. 1	19
		29	20	30	20	30	20	An I. — Pluviôse. 1	20	2	20
		30	21	An I. — Frimaire 1	21	An I. — Nivôse. 1	21	2	21	3	21
		An I. — Brumaire. 1	22	2	22	2	22	3	22	4	22
		2	23	3	23	3	23	4	23	5	23
		3	24	4	24	4	24	5	24	6	24
		4	25	5	25	5	25	6	25	7	25
		5	26	6	26	6	26	7	26	8	26
		6	27	7	27	7	27	8	27	9	27
		7	28	8	28	8	28	9	28	10	28
		8	29	9	29	9	29	10	29		
		9	30	10	30	10	30	11	30		
		10	31			11	31	12	31		

AN I. — 1793.

AN I. *Ventôse.* suite	AN 1793. *Mars.*	AN I. *Germinal.* suite	AN 1793. *Avril.*	AN I. *Floréal.* suite	AN 1793. *Mai.*	AN I. *Prairial.* suite	AN 1793. *Juin.*	AN I. *Messidor.* suite	AN 1793. *Juillet.*	AN I. *Thermidor.* suite	AN 1793. *Août.*
11	1	12	1	12	1	13	1	13	1	14	1
12	2	13	2	13	2	14	2	14	2	15	2
13	3	14	3	14	3	15	3	15	3	16	3
14	4	15	4	15	4	16	4	16	4	17	4
15	5	16	5	16	5	17	5	17	5	18	5
16	6	17	6	17	6	18	6	18	6	19	6
17	7	18	7	18	7	19	7	19	7	20	7
18	8	19	8	19	8	20	8	20	8	21	8
19	9	20	9	20	9	21	9	21	9	22	9
20	10	21	10	21	10	22	10	22	10	23	10
21	11	22	11	22	11	23	11	23	11	24	11
22	12	23	12	23	12	24	12	24	12	25	12
23	13	24	13	24	13	25	13	25	13	26	13
24	14	25	14	25	14	26	14	26	14	27	14
25	15	26	15	26	15	27	15	27	15	28	15
26	16	27	16	27	16	28	16	28	16	29	16
27	17	28	17	28	17	29	17	29	17	30	17
28	18	29	18	29	18	30	18	30	18	An I. — Fructidor. 1	18
29	19	30	19	30	19	An I. — Messidor. 1	19	An I. — Thermidor 1	19	2	19
30	20	An I. — Floréal. 1	20	An I. — Prairial. 1	20	2	20	2	20	3	20
An I. — Germinal. 1	21	2	21	2	21	3	21	3	21	4	21
2	22	3	22	3	22	4	22	4	22	5	22
3	23	4	23	4	23	5	23	5	23	6	23
4	24	5	24	5	24	6	24	6	24	7	24
5	25	6	25	6	25	7	25	7	25	8	25
6	26	7	26	7	26	8	26	8	26	9	26
7	27	8	27	8	27	9	27	9	27	10	27
8	28	9	28	9	28	10	28	10	28	11	28
9	29	10	29	10	29	11	29	11	29	12	29
10	30	11	30	11	30	12	30	12	30	13	30
11	31			12	31			13	31	14	31

AN I-II. — 1793-94.

AN I. *Fructidor.* suite	AN 1793. *Septembre.*	AN II. *Vendémiaire.* suite	AN 1793. *Octobre.*	AN II. *Brumaire.* suite	AN 1793. *Novembre.*	AN II. *Frimaire.* suite	AN 1793. *Décembre.*	AN II. *Nivôse.* suite	AN 1794. *Janvier.*	AN II. *Pluviôse.* suite	AN 1794. *Février.*
15	1	10	1	11	1	11	1	12	1	13	1
16	2	11	2	12	2	12	2	13	2	14	2
17	3	12	3	13	3	13	3	14	3	15	3
18	4	13	4	14	4	14	4	15	4	16	4
19	5	14	5	15	5	15	5	16	5	17	5
20	6	15	6	16	6	16	6	17	6	18	6
21	7	16	7	17	7	17	7	18	7	19	7
22	8	17	8	18	8	18	8	19	8	20	8
23	9	18	9	19	9	19	9	20	9	21	9
24	10	19	10	20	10	20	10	21	10	22	10
25	11	20	11	21	11	21	11	22	11	23	11
26	12	21	12	22	12	22	12	23	12	24	12
27	13	22	13	23	13	23	13	24	13	25	13
28	14	23	14	24	14	24	14	25	14	26	14
29	15	24	15	25	15	25	15	26	15	27	15
30	16	25	16	26	16	26	16	27	16	28	16
Jours comp. 1	17	26	17	27	17	27	17	28	17	29	17
2	18	27	18	28	18	28	18	29	18	30	18
3	19	28	19	29	19	29	19	30	19	An II. — Ventôse. 1	19
4	20	29	20	30	20	30	20	An II. — Pluviôse. 1	20	2	20
5	21	30	21	An II. — Frimaire. 1	21	An II. — Nivôse. 1	21	2	21	3	21
An II. — Vendém. 1	22	An II. — Brumaire. 1	22	2	22	2	22	3	22	4	22
2	23	2	23	3	23	3	23	4	23	5	23
3	24	3	24	4	24	4	24	5	24	6	24
4	25	4	25	5	25	5	25	6	25	7	25
5	26	5	26	6	26	6	26	7	26	8	26
6	27	6	27	7	27	7	27	8	27	9	27
7	28	7	28	8	28	8	28	9	28	10	28
8	29	8	29	9	29	9	29	10	29		
9	30	9	30	10	30	10	30	11	30		
		10	31			11	31	12	31		

AN II. — 1794.

AN II. *Ventôse.* suite	AN 1794. *Mars.*	AN II. *Germinal.* suite	AN 1794. *Avril.*	AN II. *Floréal,* suite	AN 1794. *Mai.*	AN II. *Prairial.* suite	AN 1794. *Juin.*	AN II. *Messidor.* suite	AN 1794. *Juillet.*	AN II. *Thermidor.* suite	AN 1794. *Août.*
11	1	12	1	12	1	13	1	13	1	14	1
12	2	13	2	13	2	14	2	14	2	15	2
13	3	14	3	14	3	15	3	15	3	16	3
14	4	15	4	15	4	16	4	16	4	17	4
15	5	16	5	16	5	17	5	17	5	18	5
16	6	17	6	17	6	18	6	18	6	19	6
17	7	18	7	18	7	19	7	19	7	20	7
18	8	19	8	19	8	20	8	20	8	21	8
19	9	20	9	20	9	21	9	21	9	22	9
20	10	21	10	21	10	22	10	22	10	23	10
21	11	22	11	22	11	23	11	23	11	24	11
22	12	23	12	23	12	24	12	24	12	25	12
23	13	24	13	24	13	25	13	25	13	26	13
24	14	25	14	25	14	26	14	26	14	27	14
25	15	26	15	26	15	27	15	27	15	28	15
26	16	27	16	27	16	28	16	28	16	29	16
27	17	28	17	28	17	29	17	29	17	30	17
28	18	29	18	29	18	30	18	30	18	An II. — Fructidor. 1	18
29	19	30	19	30	19	An II. — Messidor. 1	19	An II. — Thermidor. 1	19	2	19
30	20	An II. — Floréal. 1	20	An II. — Prairial. 1	20	2	20	2	20	3	20
An II. — Germinal. 1	21	2	21	2	21	3	21	3	21	4	21
2	22	3	22	3	22	4	22	4	22	5	22
3	23	4	23	4	23	5	23	5	23	6	23
4	24	5	24	5	24	6	24	6	24	7	24
5	25	6	25	6	25	7	25	7	25	8	25
6	26	7	26	7	26	8	26	8	26	9	26
7	27	8	27	8	27	9	27	9	27	10	27
8	28	9	28	9	28	10	28	10	28	11	28
9	29	10	29	10	29	11	29	11	29	12	29
10	30	11	30	11	30	12	30	12	30	13	30
11	31			12	31			13	31	14	31

AN II-III. — 1794-95.

AN II. *Fructidor.* suite	AN 1794. *Septembre.*	AN III. *Vendémiaire.* suite	AN 1794. *Octobre.*	AN III. *Brumaire.* suite	AN 1794. *Novembre.*	AN III. *Frimaire.* suite	AN 1794. *Décembre.*	AN III. *Nivôse.* suite	AN 1795. *Janvier.*	AN III. *Pluviôse.* suite	AN 1795. *Février.*
15	1	10	1	11	1	11	1	12	1	13	1
16	2	11	2	12	2	12	2	13	2	14	2
17	3	12	3	13	3	13	3	14	3	15	3
18	4	13	4	14	4	14	4	15	4	16	4
19	5	14	5	15	5	15	5	16	5	17	5
20	6	15	6	16	6	16	6	17	6	18	6
21	7	16	7	17	7	17	7	18	7	19	7
22	8	17	8	18	8	18	8	19	8	20	8
23	9	18	9	19	9	19	9	20	9	21	9
24	10	19	10	20	10	20	10	21	10	22	10
25	11	20	11	21	11	21	11	22	11	23	11
26	12	21	12	22	12	22	12	23	12	24	12
27	13	22	13	23	13	23	13	24	13	25	13
28	14	23	14	24	14	24	14	25	14	26	14
29	15	24	15	25	15	25	15	26	15	27	15
30	16	25	16	26	16	26	16	27	16	28	16
jours comp. 1	17	26	17	27	17	27	17	28	17	29	17
2	18	27	18	28	18	28	18	29	18	30	18
3	19	28	19	29	19	29	19	30	19	An III. — Ventôse. 1	19
4	20	29	20	30	20	30	20	An III. — Pluviôse. 1	20	2	20
5	21	30	21	An III. — Frimaire. 1	21	An III. — Nivôse. 1	21	2	21	3	21
An III. — Vendémi. 1	22	An III. — Brumaire. 1	22	2	22	2	22	3	22	4	22
2	23	2	23	3	23	3	23	4	23	5	23
3	24	3	24	4	24	4	24	5	24	6	24
4	25	4	25	5	25	5	25	6	25	7	25
5	26	5	26	6	26	6	26	7	26	8	26
6	27	6	27	7	27	7	27	8	27	9	27
7	28	7	28	8	28	8	28	9	28	10	28
8	29	8	29	9	29	9	29	10	29		
9	30	9	30	10	30	10	30	11	30		
		10	31			11	31	12	31		

AN III. — 1795.

AN III. Ventôse. suite	AN 1795. Mars.	AN III. Germinal. suite	AN 1795. Avril.	AN III. Floréal. suite	AN 1795. Mai.	AN III. Prairial. suite	AN 1795. Juin.	AN III. Messidor. suite	AN 1795. Juillet.	AN III. Thermidor. suite	AN 1795. Août.
11	1	12	1	12	1	13	1	13	1	14	1
12	2	13	2	13	2	14	2	14	2	15	2
13	3	14	3	14	3	15	3	15	3	16	3
14	4	15	4	15	4	16	4	16	4	17	4
15	5	16	5	16	5	17	5	17	5	18	5
16	6	17	6	17	6	18	6	18	6	19	6
17	7	18	7	18	7	19	7	19	7	20	7
18	8	19	8	19	8	20	8	20	8	21	8
19	9	20	9	20	9	21	9	21	9	22	9
20	10	21	10	21	10	22	10	22	10	23	10
21	11	22	11	22	11	23	11	23	11	24	11
22	12	23	12	23	12	24	12	24	12	25	12
23	13	24	13	24	13	25	13	25	13	26	13
24	14	25	14	25	14	26	14	26	14	27	14
25	15	26	15	26	15	27	15	27	15	28	15
26	16	27	16	27	16	28	16	28	16	29	16
27	17	28	17	28	17	29	17	29	17	30	17
28	18	29	18	29	18	30	18	30	18	An III. — Fructidor. 1	18
29	19	30	19	30	19	An III. — Messidor. 1	19	An III. — Thermidor. 1	19	2	19
30	20	An III. — Floréal. 1	20	An III. — Prairial. 1	20	2	20	2	20	3	20
An III. — Germinal. 1	21	2	21	2	21	3	21	3	21	4	21
2	22	3	22	3	22	4	22	4	22	5	22
3	23	4	23	4	23	5	23	5	23	6	23
4	24	5	24	5	24	6	24	6	24	7	24
5	25	6	25	6	25	7	25	7	25	8	25
6	26	7	26	7	26	8	26	8	26	9	26
7	27	8	27	8	27	9	27	9	27	10	27
8	28	9	28	9	28	10	28	10	28	11	28
9	29	10	29	10	29	11	29	11	29	12	29
10	30	11	30	11	30	12	30	12	30	13	30
11	31			12	31			13	31	14	31

AN III-IV. — 1795-96.

AN III. *Fructidor.* suite	AN 1795. *Septembre.*	AN IV. *Vendémiaire.* suite	AN 1795. *Octobre.*	AN IV. *Brumaire.* suite	AN 1795. *Novembre.*	AN IV. *Frimaire.* suite	AN 1795. *Décembre.*	AN IV. *Nivôse.* suite	AN 1796. *Janvier.*	AN IV. *Pluviôse.* suite	AN 1796. *Février.*
15	1	9	1	10	1	10	1	11	1	12	1
16	2	10	2	11	2	11	2	12	2	13	2
17	3	11	3	12	3	12	3	13	3	14	3
18	4	12	4	13	4	13	4	14	4	15	4
19	5	13	5	14	5	14	5	15	5	16	5
20	6	14	6	15	6	15	6	16	6	17	6
21	7	15	7	16	7	16	7	17	7	18	7
22	8	16	8	17	8	17	8	18	8	19	8
23	9	17	9	18	9	18	9	19	9	20	9
24	10	18	10	19	10	19	10	20	10	21	10
25	11	19	11	20	11	20	11	21	11	22	11
26	12	20	12	21	12	21	12	22	12	23	12
27	13	21	13	22	13	22	13	23	13	24	13
28	14	22	14	23	14	23	14	24	14	25	14
29	15	23	15	24	15	24	15	25	15	26	15
30	16	24	16	25	16	25	16	26	16	27	16
Jours comp. 1	17	25	17	26	17	26	17	27	17	28	17
2	18	26	18	27	18	27	18	28	18	29	18
3	19	27	19	28	19	28	19	29	19	30	19
4	20	28	20	29	20	29	20	30	20	An IV. — Ventôse. 1	20
5	21	29	21	30	21	30	21	An IV. — Pluviôse. 1	21	2	21
6	22	30	22	An IV. — Frimaire. 1	22	An IV. — Nivôse. 1	22	2	22	3	22
An IV. — Vendém. 1	23	An IV. — Brumaire 1	23	2	23	2	23	3	23	4	23
2	24	2	24	3	24	3	24	4	24	5	24
3	25	3	25	4	25	4	25	5	25	6	25
4	26	4	26	5	26	5	26	6	26	7	26
5	27	5	27	6	27	6	27	7	27	8	27
6	28	6	28	7	28	7	28	8	28	9	28
7	29	7	29	8	29	8	29	9	29	10	29
8	30	8	30	9	30	9	30	10	30		
		9	31			10	31	11	31		

AN IV. — 1796.

AN IV. *Ventôse.* suite	AN 1796. *Mars.*	AN IV. *Germinal.* suite	AN 1796. *Avril.*	AN IV. *Floréal.* suite	AN 1796. *Mai.*	AN IV. *Prairial.* suite	AN 1796. *Juin.*	AN IV. *Messidor.* suite	AN 1796. *Juillet.*	AN IV. *Thermidor.* suite	AN 1796. *Août.*
11	1	12	1	12	1	13	1	13	1	14	1
12	2	13	2	13	2	14	2	14	2	15	2
13	3	14	3	14	3	15	3	15	3	16	3
14	4	15	4	15	4	16	4	16	4	17	4
15	5	16	5	16	5	17	5	17	5	18	5
16	6	17	6	17	6	18	6	18	6	19	6
17	7	18	7	18	7	19	7	19	7	20	7
18	8	19	8	19	8	20	8	20	8	21	8
19	9	20	9	20	9	21	9	21	9	22	9
20	10	21	10	21	10	22	10	22	10	23	10
21	11	22	11	22	11	23	11	23	11	24	11
22	12	23	12	23	12	24	12	24	12	25	12
23	13	24	13	24	13	25	13	25	13	26	13
24	14	25	14	25	14	26	14	26	14	27	14
25	15	26	15	26	15	27	15	27	15	28	15
26	16	27	16	27	16	28	16	28	16	29	16
27	17	28	17	28	17	29	17	29	17	30	17
28	18	27	18	29	18	30	18	30	18	An IV. — Fructidor. 1	18
29	19	30	19	30	19	An IV. — Messidor. 1	19	An IV. — Thermidor. 1	19	2	19
30	20	An IV. — Floréal. 1	20	An IV. — Prairial. 1	20	2	20	2	20	3	20
An IV. — Germinal. 1	21	2	21	2	21	3	21	3	21	4	21
2	22	3	22	3	22	4	22	4	22	5	22
3	23	4	23	4	23	5	23	5	23	6	23
4	24	5	24	5	24	6	24	6	24	7	24
5	25	6	25	6	25	7	25	7	25	8	25
6	26	7	26	7	26	8	26	8	26	9	26
7	27	8	27	8	27	9	27	9	27	10	27
8	28	9	28	9	28	10	28	10	28	11	28
9	29	10	29	10	29	11	29	11	29	12	29
10	30	11	30	11	30	12	30	12	30	13	30
11	31			12	31			13	31	14	31

AN IV-V. — 1796-97.

AN IV. *Fructidor.*	AN 1796. *Septembre.*	AN V. *Vendémiaire.* suite	AN 1796. *Octobre.*	AN V. *Brumaire.* suite	AN 1796. *Novembre.*	AN V. *Frimaire.* suite	AN 1796. *Décembre.*	AN V. *Nivôse.* suite	AN 1797. *Janvier.*	AN V. *Pluviôse.* suite	AN 1797. *Février.*
15	1	10	1	11	1	11	1	12	1	13	1
16	2	11	2	12	2	12	2	13	2	14	2
17	3	12	3	13	3	13	3	14	3	15	3
18	4	13	4	14	4	14	4	15	4	16	4
19	5	14	5	15	5	15	5	16	5	17	5
20	6	15	6	16	6	16	6	17	6	18	6
21	7	16	7	17	7	17	7	18	7	19	7
22	8	17	8	18	8	18	8	19	8	20	8
23	9	18	9	19	9	19	9	20	9	21	9
24	10	19	10	20	10	20	10	21	10	22	10
25	11	20	11	21	11	21	11	22	11	23	11
26	12	21	12	22	12	22	12	23	12	24	12
27	13	22	13	23	13	23	13	24	13	25	13
28	14	23	14	24	14	24	14	25	14	26	14
29	15	24	15	25	15	25	15	26	15	27	15
30	16	25	16	26	16	26	16	27	16	28	16
jours comp. 1	17	26	17	27	17	27	17	28	17	29	17
2	18	27	18	28	18	28	18	29	18	30	18
3	19	28	19	29	19	29	19	30	19	An V. — Ventôse. 1	19
4	20	29	20	30	20	30	20	An V. — Pluviôse. 1	20	2	20
5	21	30	21	An V. — Frimaire 1	21	An V. — Nivôse. 1	21	2	21	3	21
An V. — Vendém. 1	22	An V. — Brumaire. 1	22	2	22	2	22	3	22	4	22
2	23	2	23	3	23	3	23	4	23	5	23
3	24	3	24	4	24	4	24	5	24	6	24
4	25	4	25	5	25	5	25	6	25	7	25
5	26	5	26	6	26	6	26	7	26	8	26
6	27	6	27	7	27	7	27	8	27	9	27
7	28	7	28	8	28	8	28	9	28	10	28
8	29	8	29	9	29	9	29	10	29		
9	30	9	30	10	30	10	30	11	30		
		10	31			11	31	12	31		

AN V. — 1797.

AN V. *Ventôse.* suite	AN 1797. *Mars.*	AN V. *Germinal.* suite	AN 1797. *Avril.*	AN V. *Floréal.* suite	AN 1797. *Mai.*	AN V. *Prairial.* suite	AN 1797. *Juin.*	AN V. *Messidor.* suite	AN 1797. *Juillet.*	AN V. *Thermidor.* suite	AN 1797. *Août.*
11	1	12	1	12	1	13	1	13	1	14	1
12	2	13	2	13	2	14	2	14	2	15	2
13	3	14	3	14	3	15	3	15	3	16	3
14	4	15	4	15	4	16	4	16	4	17	4
15	5	16	5	16	5	17	5	17	5	18	5
16	6	17	6	17	6	18	6	18	6	19	6
17	7	18	7	18	7	19	7	19	7	20	7
18	8	19	8	19	8	20	8	20	8	21	8
19	9	20	9	20	9	21	9	21	9	22	9
20	10	21	10	21	10	22	10	22	10	23	10
21	11	22	11	22	11	23	11	23	11	24	11
22	12	23	12	23	12	24	12	24	12	25	12
23	13	24	13	24	13	25	13	25	13	26	13
24	14	25	14	25	14	26	14	26	14	27	14
25	15	26	15	26	15	27	15	27	15	28	15
26	16	27	16	27	16	28	16	28	16	29	16
27	17	28	17	28	17	29	17	29	17	30	17
28	18	29	18	29	18	30	18	30	18	An V. — Fructidor. 1	18
29	19	30	19	30	19	An V. — Messidor. 1	19	An V. — Thermidor. 1	19	2	19
30	20	An V. — Floréal. 1	20	An V. — Prairial. 1	20	2	20	2	20	3	20
An V. — Germinal. 1	21	2	21	2	21	3	21	3	21	4	21
2	22	3	22	3	22	4	22	4	22	5	22
3	23	4	23	4	23	5	23	5	23	6	23
4	24	5	24	5	24	6	24	6	24	7	24
5	25	6	25	6	25	7	25	7	25	8	25
6	26	7	26	7	26	8	26	8	26	9	26
7	27	8	27	8	27	9	27	9	27	10	27
8	28	9	28	9	28	10	28	10	28	11	28
9	29	10	29	10	29	11	29	11	29	12	29
10	30	11	30	11	30	12	30	12	30	13	30
11	31			12	31	-		13	31	14	31

AN V-VI. — 1797-98.

AN V. *Fructidor.* suite	AN 1797. *Septembre.*	AN VI. *Vendémiaire.* suite	AN 1797. *Octobre.*	AN VI. *Brumaire.* suite	AN 1797. *Novembre.*	AN VI. *Frimaire.* suite	AN 1797. *Décembre.*	AN VI. *Nivôse.* suite	AN 1798. *Janvier.*	AN VI. *Pluviôse.* suite	AN 1798. *Février.*
15	1	10	1	11	1	11	1	12	1	13	1
16	2	11	2	12	2	12	2	13	2	14	2
17	3	12	3	13	3	13	3	14	3	15	3
18	4	13	4	14	4	14	4	15	4	16	4
19	5	14	5	15	5	15	5	16	5	17	5
20	6	15	6	16	6	16	6	17	6	18	6
21	7	16	7	17	7	17	7	18	7	19	7
22	8	17	8	18	8	18	8	19	8	20	8
23	9	18	9	19	9	19	9	20	9	21	9
24	10	19	10	20	10	20	10	21	10	22	10
25	11	20	11	21	11	21	11	22	11	23	11
26	12	21	12	22	12	22	12	23	12	24	12
27	13	22	13	23	13	23	13	24	13	25	13
28	14	23	14	24	14	24	14	25	14	26	14
29	15	24	15	25	15	25	15	26	15	27	15
30	16	25	16	26	16	26	16	27	16	28	16
Jours comp. 1	17	26	17	27	17	27	17	28	17	29	17
2	18	27	18	28	18	28	18	29	18	30	18
3	19	28	19	29	19	29	19	30	19	An VI. — Ventôse. 1	19
4	20	29	20	30	20	30	20	An VI. — Pluviôse. 1	20	2	20
5	21	30	21	An VI. — Frimaire. 1	21	An VI. — Nivôse. 1	21	2	21	3	21
An VI. — Vendém. 1	22	An VI. — Brumaire. 1	22	2	22	2	22	3	22	4	22
2	23	2	23	3	23	3	23	4	23	5	23
3	24	3	24	4	24	4	24	5	24	6	24
4	25	4	25	5	25	5	25	6	25	7	25
5	26	5	26	6	26	6	26	7	26	8	26
6	27	6	27	7	27	7	27	8	27	9	27
7	28	7	28	8	28	8	28	9	28	10	28
8	29	8	29	9	29	9	29	10	29		
9	30	9	30	10	30	10	30	11	30		
		10	31			11	31	12	31		

AN VI. — 1798.

AN VI. *Ventôse.* suite	AN 1798. *Mars.*	AN VI. *Germinal.* suite	AN 1798. *Avril.*	AN VI. *Floréal.* suite	AN 1798. *Mai.*	AN VI. *Prairial.* suite	AN 1798. *Juin.*	AN VI. *Messidor.* suite	AN 1798. *Juillet.*	AN VI. *Thermidor.* suite	AN 1798. *Août.*
11	1	12	1	12	1	13	1	13	1	14	1
12	2	13	2	13	2	14	2	14	2	15	2
13	3	14	3	14	3	15	3	15	3	16	3
14	4	15	4	15	4	16	4	16	4	17	4
15	5	16	5	16	5	17	5	17	5	18	5
16	6	17	6	17	6	18	6	18	6	19	6
17	7	18	7	18	7	19	7	19	7	20	7
18	8	19	8	19	8	20	8	20	8	21	8
19	9	20	9	20	9	21	9	21	9	22	9
20	10	21	10	21	10	22	10	22	10	23	10
21	11	22	11	22	11	23	11	23	11	24	11
22	12	23	12	23	12	24	12	24	12	25	12
23	13	24	13	24	13	25	13	25	13	26	13
24	14	25	14	25	14	26	14	26	14	27	14
25	15	26	15	26	15	27	15	27	15	28	15
26	16	27	16	27	16	28	16	28	16	29	16
27	17	28	17	28	17	29	17	29	17	30	17
28	18	29	18	29	18	30	18	30	18	An VI. — Fructidor. 1	18
29	19	30	19	30	19	An VI. — Messidor. 1	19	An VI. — Thermidor. 1	19	2	19
30	20	An VI. — Floréal. 1	20	An VI. — Prairial. 1	20	2	20	2	20	3	20
An VI. — Germinal. 1	21	2	21	2	21	3	21	3	21	4	21
2	22	3	22	3	22	4	22	4	22	5	22
3	23	4	23	4	23	5	23	5	23	6	23
4	24	5	24	5	24	6	24	6	24	7	24
5	25	6	25	6	25	7	25	7	25	8	25
6	26	7	26	7	26	8	26	8	26	9	26
7	27	8	27	8	27	9	27	9	27	10	27
8	28	9	28	9	28	10	28	10	28	11	28
9	29	10	29	10	29	11	29	11	29	12	29
10	30	11	30	11	30	12	30	12	30	13	30
11	31			12	31			13	31	14	31

AN VI-VII. — 1798-99.

AN VI. *Fructidor.* suite	AN 1798. *Septembre.*	AN VII. *Vendémiaire.* suite	AN 1798. *Octobre.*	AN VII. *Brumaire.* suite	AN 1798. *Novembre.*	AN VII. *Frimaire.* suite	AN 1798. *Décembre.*	AN VII. *Nivôse.* suite	AN 1799. *Janvier.*	AN VII. *Pluviôse.* suite	AN 1799. *Février.*
15	1	10	1	11	1	11	1	12	1	13	1
16	2	11	2	12	2	12	2	13	2	14	2
17	3	12	3	13	3	13	3	14	3	15	3
18	4	13	4	14	4	14	4	15	4	16	4
19	5	14	5	15	5	15	5	16	5	17	5
20	6	15	6	16	6	16	6	17	6	18	6
21	7	16	7	17	7	17	7	18	7	19	7
22	8	17	8	18	8	18	8	19	8	20	8
23	9	18	9	19	9	19	9	20	9	21	9
24	10	19	10	20	10	20	10	21	10	22	10
25	11	20	11	21	11	21	11	22	11	23	11
26	12	21	12	22	12	22	12	23	12	24	12
27	13	22	13	23	13	23	13	24	13	25	13
28	14	23	14	24	14	24	14	25	14	26	14
29	15	24	15	25	15	25	15	26	15	27	15
30	16	25	16	26	16	26	16	27	16	28	16
jours comp. 1	17	26	17	27	17	27	17	28	17	29	17
2	18	27	18	28	18	28	18	29	18	30	18
3	19	28	19	29	19	29	19	30	19	An VII. — Ventôse. 1	19
4	20	29	20	30	20	30	20	An VII. — Pluviôse. 1	20	2	20
5	21	30	21	An VII. — Frimaire. 1	21	An VII. — Nivôse. 1	21	2	21	3	21
An VII. — Vendémi. 1	22	An VII. — Brumaire. 1	22	2	22	2	22	3	22	4	22
2	23	2	23	3	23	3	23	4	23	5	23
3	24	3	24	4	24	4	24	5	24	6	24
4	25	4	25	5	25	5	25	6	25	7	25
5	26	5	26	6	26	6	26	7	26	8	26
6	27	6	27	7	27	7	27	8	27	9	27
7	28	7	28	8	28	8	28	9	28	10	28
8	29	8	29	9	29	9	29	10	29		
9	30	9	30	10	30	10	30	11	30		
		10	31			11	31	12	31		

AN VII. — 1799.

AN VII. *Ventôse.* suite	AN 1799. *Mars.*	AN VII. *Germinal.* suite	AN 1799. *Avril.*	AN VII. *Floréal.* suite	AN 1799. *Mai.*	AN VII. *Prairial.* suite	AN 1799. *Juin.*	AN VII. *Messidor.* suite	AN 1799. *Juillet.*	AN VII. *Thermidor.* suite	AN 1799. *Août.*
11	1	12	1	12	1	13	1	13	1	14	1
12	2	13	2	13	2	14	2	14	2	15	2
13	3	14	3	14	3	15	3	15	3	16	3
14	4	15	4	15	4	16	4	16	4	17	4
15	5	16	5	16	5	17	5	17	5	18	5
16	6	17	6	17	6	18	6	18	6	19	6
17	7	18	7	18	7	19	7	19	7	20	7
18	8	19	8	19	8	20	8	20	8	21	8
19	9	20	9	20	9	21	9	21	9	22	9
20	10	21	10	21	10	22	10	22	10	23	10
21	11	22	11	22	11	23	11	23	11	24	11
22	12	23	12	23	12	24	12	24	12	25	12
23	13	24	13	24	13	25	13	25	13	26	13
24	14	25	14	25	14	26	14	26	14	27	14
25	15	26	15	26	15	27	15	27	15	28	15
26	16	27	16	27	16	28	16	28	16	29	16
27	17	28	17	28	17	29	17	29	17	30	17
28	18	29	18	29	18	30	18	30	18	An VII. — Fructidor. 1	18
29	19	30	19	30	19	An VII. — Messidor. 1	19	An VII. — Thermidor. 1	19	2	19
30	20	An VII. — Floréal. 1	20	An VII. — Prairial. 1	20	2	20	2	20	3	20
An VII. — Germinal. 1	21	2	21	2	21	3	21	3	21	4	21
2	22	3	22	3	22	4	22	4	22	5	22
3	23	4	23	4	23	5	23	5	23	6	23
4	24	5	24	5	24	6	24	6	24	7	24
5	25	6	25	6	25	7	25	7	25	8	25
6	26	7	26	7	26	8	26	8	26	9	26
7	27	8	27	8	27	9	27	9	27	10	27
8	28	9	28	9	28	10	28	10	28	11	28
9	29	10	29	10	29	11	29	11	29	12	29
10	30	11	30	11	30	12	30	12	30	13	30
11	31			12	31			13	31	14	31

AN VII-VIII. — 1799-1800.

AN VII. *Fructidor.* suite	AN 1799. *Septembre.*	AN VIII. *Vendémiaire.* suite	AN 1799. *Octobre.*	AN VIII. *Brumaire.* suite	AN 1799. *Novembre.*	AN VIII. *Frimaire.* suite	AN 1799. *Décembre.*	AN VIII. *Nivôse.* suite	AN 1800. *Janvier.*	AN VIII. *Pluviôse.* suite	AN 1800. *Février.*
15	1	9	1	10	1	10	1	11	1	12	1
16	2	10	2	11	2	11	2	12	2	13	2
17	3	11	3	12	3	12	3	13	3	14	3
18	4	12	4	13	4	13	4	14	4	15	4
19	5	13	5	14	5	14	5	15	5	16	5
20	6	14	6	15	6	15	6	16	6	17	6
21	7	15	7	16	7	16	7	17	7	18	7
22	8	16	8	17	8	17	8	18	8	19	8
23	9	17	9	18	9	18	9	19	9	20	9
24	10	18	10	19	10	19	10	20	10	21	10
25	11	19	11	20	11	20	11	21	11	22	11
26	12	20	12	21	12	21	12	22	12	23	12
27	13	21	13	22	13	22	13	23	13	24	13
28	14	22	14	23	14	23	14	24	14	25	14
29	15	23	15	24	15	24	15	25	15	26	15
30	16	24	16	25	16	25	16	26	16	27	16
jours comp. 1	17	25	17	26	17	26	17	27	17	28	17
2	18	26	18	27	18	27	18	28	18	29	18
3	19	27	19	28	19	28	19	29	19	30	19
4	20	28	20	29	20	29	20	30	20	An VIII.—Ventôse. 1	20
5	21	29	21	30	21	30	21	An VIII.—Pluviôse. 1	21	2	21
6	22	30	22	An VIII.—Frimaire. 1	22	An VIII.—Nivôse. 1	22	2	22	3	22
An VIII.— Vendém 1	23	An VIII.—Brumaire 1	23	2	23	2	23	3	23	4	23
2	24	2	24	3	24	3	24	4	24	5	24
3	25	3	25	4	25	4	25	5	25	6	25
4	26	4	26	5	26	5	26	6	26	7	26
5	27	5	27	6	27	6	27	7	27	8	27
6	28	6	28	7	28	7	28	8	28	9	28
7	29	7	29	8	29	8	29	9	29	10	29
8	30	8	30	9	30	9	30	10	30		
		9	31			10	31	11	31		

AN VIII. — 1800.

AN VIII. Ventôse. suite	AN 1800. Mars.	AN VIII. Germinal. suite	AN 1800. Avril.	AN VIII. Floréal. suite	AN 1800. Mai.	AN VIII. Prairial. suite	AN 1800. Juin.	AN VIII. Messidor. suite	AN 1800. Juillet.	AN VIII. Thermidor. suite	AN 1800. Août.
11	1	12	1	12	1	13	1	13	1	14	1
12	2	13	2	13	2	14	2	14	2	15	2
13	3	14	3	14	3	15	3	15	3	16	3
14	4	15	4	15	4	16	4	16	4	17	4
15	5	16	5	16	5	17	5	17	5	18	5
16	6	17	6	17	6	18	6	18	6	19	6
17	7	18	7	18	7	19	7	19	7	20	7
18	8	19	8	19	8	20	8	20	8	21	8
19	9	20	9	20	9	21	9	21	9	22	9
20	10	21	10	21	10	22	10	22	10	23	10
21	11	22	11	22	11	23	11	23	11	24	11
22	12	23	12	23	12	24	12	24	12	25	12
23	13	24	13	24	13	25	13	25	13	26	13
24	14	25	14	25	14	26	14	26	14	27	14
25	15	26	15	26	15	27	15	27	15	28	15
26	16	27	16	27	16	28	16	28	16	29	16
27	17	28	17	28	17	29	17	29	17	30	17
28	18	29	18	29	18	30	18	30	18	An VIII.—Fructidor. 1	18
29	19	30	19	30	19	An VIII.—Messidor. 1	19	An VIII.—Thermidor. 1	19	2	19
30	20	An VIII.—Floréal. 1	20	An VIII.—Prairial. 1	20	2	20	2	20	3	20
An VIII.—Germinal. 1	21	2	21	2	21	3	21	3	21	4	21
2	22	3	22	3	22	4	22	4	22	5	22
3	23	4	23	4	23	5	23	5	23	6	23
4	24	5	24	5	24	6	24	6	24	7	24
5	25	6	25	6	25	7	25	7	25	8	25
6	26	7	26	7	26	8	26	8	26	9	26
7	27	8	27	8	27	9	27	9	27	10	27
8	28	9	28	9	28	10	28	10	28	11	28
9	29	10	29	10	29	11	29	11	29	12	29
10	30	11	30	11	30	12	30	12	30	13	30
11	31			12	31			13	31	14	31

AN VIII-IX. — 1800-01.

AN VIII. *Fructidor.*	AN 1800. *Septembre.*	AN IX. *Vendémiaire.* suite	AN 1800. *Octobre.*	AN IX. *Brumaire.* suite	AN 1800. *Novembre.*	AN IX. *Frimaire.* suite	AN 1800. *Décembre.*	AN IX. *Nivôse.* suite	AN 1801. *Janvier.*	AN IX. *Pluviôse.* suite	AN 1801. *Février.*
15	1	10	1	11	1	11	1	12	1	13	1
16	2	11	2	12	2	12	2	13	2	14	2
17	3	12	3	13	3	13	3	14	3	15	3
18	4	13	4	14	4	14	4	15	4	16	4
19	5	14	5	15	5	15	5	16	5	17	5
20	6	15	6	16	6	16	6	17	6	18	6
21	7	16	7	17	7	17	7	18	7	19	7
22	8	17	8	18	8	18	8	19	8	20	8
23	9	18	9	19	9	19	9	20	9	21	9
24	10	19	10	20	10	20	10	21	10	22	10
25	11	20	11	21	11	21	11	22	11	23	11
26	12	21	12	22	12	22	12	23	12	24	12
27	13	22	13	23	13	23	13	24	13	25	13
28	14	23	14	24	14	24	14	25	14	26	14
29	15	24	15	25	15	25	15	26	15	27	15
30	16	25	16	26	16	26	16	27	16	28	16
jours comp. 1	17	26	17	27	17	27	17	28	17	29	17
2	18	27	18	28	18	28	18	29	18	30	18
3	19	28	19	29	19	29	19	30	19	An IX. — Ventôse. 1	19
4	20	29	20	30	20	30	20	An IX. — Pluviôse. 1	20	2	20
5	21	30	21	An IX. — Frimaire 1	21	An IX. — Nivôse. 1	21	2	21	3	21
An IX. — Vendém. 1	22	An IX. — Brumaire. 1	22	2	22	2	22	3	22	4	22
2	23	2	23	3	23	3	23	4	23	5	23
3	24	3	24	4	24	4	24	5	24	6	24
4	25	4	25	5	25	5	25	6	25	7	25
5	26	5	26	6	26	6	26	7	26	8	26
6	27	6	27	7	27	7	27	8	27	9	27
7	28	7	28	8	28	8	28	9	28	10	28
8	29	8	29	9	29	9	29	10	29		
9	30	9	30	10	30	10	30	11	30		
		10	31			11	31	12	31		

AN IX. — 1801.

AN IX. *Ventôse.* suite	AN 1801. *Mars.*	AN IX. *Germinal.* suite	AN 1801. *Avril.*	AN IX. *Floréal.* suite	AN 1801. *Mai.*	AN IX. *Prairial.* suite	AN 1801. *Juin.*	AN IX. *Messidor.* suite	AN 1801. *Juillet.*	AN IX. *Thermidor.* suite	AN 1801. *Août.*
11	1	12	1	12	1	13	1	13	1	14	1
12	2	13	2	13	2	14	2	14	2	15	2
13	3	14	3	14	3	15	3	15	3	16	3
14	4	15	4	15	4	16	4	16	4	17	4
15	5	16	5	16	5	17	5	17	5	18	5
16	6	17	6	17	6	18	6	18	6	19	6
17	7	18	7	18	7	19	7	19	7	20	7
18	8	19	8	19	8	20	8	20	8	21	8
19	9	20	9	20	9	21	9	21	9	22	9
20	10	21	10	21	10	22	10	22	10	23	10
21	11	22	11	22	11	23	11	23	11	24	11
22	12	23	12	23	12	24	12	24	12	25	12
23	13	24	13	24	13	25	13	25	13	26	13
24	14	25	14	25	14	26	14	26	14	27	14
25	15	26	15	26	15	27	15	27	15	28	15
26	16	27	16	27	16	28	16	28	16	29	16
27	17	28	17	28	17	29	17	29	17	30	17
28	18	29	18	29	18	30	18	30	18	An IX.—Fructidor. 1	18
29	19	30	19	30	19	An IX.—Messidor. 1	19	An IX.—Thermidor 1	19	2	19
30	20	An IX.—Floréal. 1	20	An IX.—Prairial. 1	20	2	20	2	20	3	20
An IX.—Germinal. 1	21	2	21	2	21	3	21	3	21	4	21
2	22	3	22	3	22	4	22	4	22	5	22
3	23	4	23	4	23	5	23	5	23	6	23
4	24	5	24	5	24	6	24	6	24	7	24
5	25	6	25	6	25	7	25	7	25	8	25
6	26	7	26	7	26	8	26	8	26	9	26
7	27	8	27	8	27	9	27	9	27	10	27
8	28	9	28	9	28	10	28	10	28	11	28
9	29	10	29	10	29	11	29	11	29	12	29
10	30	11	30	11	30	12	30	12	30	13	30
11	31			12	31			13	31	14	31

AN IX-X. — 1801-02.

AN IX. Fructidor. suite	AN 1801. Septembre.	AN X. Vendémiaire. suite	AN 1801. Octobre.	AN X. Brumaire. suite	AN 1801. Novembre.	AN X. Frimaire. suite	AN 1801. Décembre.	AN X. Nivôse. suite	AN 1802. Janvier.	AN X. Pluviôse. suite	AN 1802. Février.
15	1	10	1	11	1	11	1	12	1	13	1
16	2	11	2	12	2	12	2	13	2	14	2
17	3	12	3	13	3	13	3	14	3	15	3
18	4	13	4	14	4	14	4	15	4	16	4
19	5	14	5	15	5	15	5	16	5	17	5
20	6	15	6	16	6	16	6	17	6	18	6
21	7	16	7	17	7	17	7	18	7	19	7
22	8	17	8	18	8	18	8	19	8	20	8
23	9	18	9	19	9	19	9	20	9	21	9
24	10	19	10	20	10	20	10	21	10	22	10
25	11	20	11	21	11	21	11	22	11	23	11
26	12	21	12	22	12	22	12	23	12	24	12
27	13	22	13	23	13	23	13	24	13	25	13
28	14	23	14	24	14	24	14	25	14	26	14
29	15	24	15	25	15	25	15	26	15	27	15
30	16	25	16	26	16	26	16	27	16	28	16
jours comp. 1	17	26	17	27	17	27	17	28	17	29	17
2	18	27	18	28	18	28	18	29	18	30	18
3	19	28	19	29	19	29	19	30	19	An X. — Ventôse. 1	19
4	20	29	20	30	20	30	20	An X. — Pluviôse. 1	20	2	20
5	21	30	21	An X. — Frimaire. 1	21	An X. — Nivôse. 1	21	2	21	3	21
An X. — Vendém. 1	22	An X. — Brumaire. 1	22	2	22	2	22	3	22	4	22
2	23	2	23	3	23	3	23	4	23	5	23
3	24	3	24	4	24	4	24	5	24	6	24
4	25	4	25	5	25	5	25	6	25	7	25
5	26	5	26	6	26	6	26	7	26	8	26
6	27	6	27	7	27	7	27	8	27	9	27
7	28	7	28	8	28	8	28	9	28	10	28
8	29	8	29	9	29	9	29	10	29		
9	30	9	30	10	30	10	30	11	30		
		10	31			11	31	12	31		

AN X. — 1802.

AN X. Ventôse. suite	AN 1802. Mars.	AN X. Germinal. suite	AN 1802. Avril.	AN X. Floréal. suite	AN 1802. Mai.	AN X. Prairial. suite	AN 1802. Juin.	AN X. Messidor. suite	AN 1802. Juillet.	AN X. Thermidor. suite	AN 1802. Août.
11	1	12	1	12	1	13	1	13	1	14	1
12	2	13	2	13	2	14	2	14	2	15	2
13	3	14	3	14	3	15	3	15	3	16	3
14	4	15	4	15	4	16	4	16	4	17	4
15	5	16	5	16	5	17	5	17	5	18	5
16	6	17	6	17	6	18	6	18	6	19	6
17	7	18	7	18	7	19	7	19	7	20	7
18	8	19	8	19	8	20	8	20	8	21	8
19	9	20	9	20	9	21	9	21	9	22	9
20	10	21	10	21	10	22	10	22	10	23	10
21	11	22	11	22	11	23	11	23	11	24	11
22	12	23	12	23	12	24	12	24	12	25	12
23	13	24	13	24	13	25	13	25	13	26	13
24	14	25	14	25	14	26	14	26	14	27	14
25	15	26	15	26	15	27	15	27	15	28	15
26	16	27	16	27	16	28	16	28	16	29	16
27	17	28	17	28	17	29	17	29	17	30	17
28	18	29	18	29	18	30	18	30	18	An X. — Fructidor. 1	18
29	19	30	19	30	19	An X. — Messidor. 1	19	An X. — Thermidor. 1	19	2	19
30	20	An X. — Floréal. 1	20	An X. — Prairial. 1	20	2	20	2	20	3	20
An X. — Germinal. 1	21	2	21	2	21	3	21	3	21	4	21
2	22	3	22	3	22	4	22	4	22	5	22
3	23	4	23	4	23	5	23	5	23	6	23
4	24	5	24	5	24	6	24	6	24	7	24
5	25	6	25	6	25	7	25	7	25	8	25
6	26	7	26	7	26	8	26	8	26	9	26
7	27	8	27	8	27	9	27	9	27	10	27
8	28	9	28	9	28	10	28	10	28	11	28
9	29	10	29	10	29	11	29	11	29	12	29
10	30	11	30	11	30	12	30	12	30	13	30
11	31			12	31			13	31	14	31

AN X-XI. — 1802-03.

AN X. Fructidor. suite	AN 1802. Septembre.	AN XI. Vendémiaire. suite	AN 1802. Octobre.	AN XI. Brumaire. suite	AN 1802. Novembre.	AN XI. Frimaire. suite	AN 1802. Décembre.	AN XI. Nivôse. suite	AN 1803. Janvier.	AN XI. Pluviôse. suite	AN 1803. Février.
15	1	10	1	11	1	11	1	12	1	13	1
16	2	11	2	12	2	12	2	13	2	14	2
17	3	12	3	13	3	13	3	14	3	15	3
18	4	13	4	14	4	14	4	15	4	16	4
19	5	14	5	15	5	15	5	16	5	17	5
20	6	15	6	16	6	16	6	17	6	18	6
21	7	16	7	17	7	17	7	18	7	19	7
22	8	17	8	18	8	18	8	19	8	20	8
23	9	18	9	19	9	19	9	20	9	21	9
24	10	19	10	20	10	20	10	21	10	22	10
25	11	20	11	21	11	21	11	22	11	23	11
26	12	21	12	22	12	22	12	23	12	24	12
27	13	22	13	23	13	23	13	24	13	25	13
28	14	23	14	24	14	24	14	25	14	26	14
29	15	24	15	25	15	25	15	26	15	27	15
30	16	25	16	26	16	26	16	27	16	28	16
1 jours comp.	17	26	17	27	17	27	17	28	17	29	17
2	18	27	18	28	18	28	18	29	18	30	18
3	19	28	19	29	19	29	19	30	19	1 An XI. — Ventôse.	19
4	20	29	20	30	20	30	20	1 An XI. — Pluviôse.	20	2	20
5	21	30	21	1 An XI. — Frimaire.	21	1 An XI. — Nivôse.	21	2	21	3	21
1 An XI. — Vendémi.	22	1 An XI. — Brumaire.	22	2	22	2	22	3	22	4	22
2	23	2	23	3	23	3	23	4	23	5	23
3	24	3	24	4	24	4	24	5	24	6	24
4	25	4	25	5	25	5	25	6	25	7	25
5	26	5	26	6	26	6	26	7	26	8	26
6	27	6	27	7	27	7	27	8	27	9	27
7	28	7	28	8	28	8	28	9	28	10	28
8	29	8	29	9	29	9	29	10	29		
9	30	9	30	10	30	10	30	11	30		
		10	31			11	31	12	31		

AN XI. — 1803.

AN XI. *Ventôse.* suite	AN 1803. *Mars.*	AN XI. *Germinal.* suite	AN 1803. *Avril.*	AN XI. *Floréal.* suite	AN 1803. *Mai.*	AN XI. *Prairial.* suite	AN 1803. *Juin.*	AN XI. *Messidor.* suite	AN 1803. *Juillet.*	AN XI. *Thermidor.* suite	AN 1803. *Aoút.*
11	1	12	1	12	1	13	1	13	1	14	1
12	2	13	2	13	2	14	2	14	2	15	2
13	3	14	3	14	3	15	3	15	3	16	3
14	4	15	4	15	4	16	4	16	4	17	4
15	5	16	5	16	5	17	5	17	5	18	5
16	6	17	6	17	6	18	6	18	6	19	6
17	7	18	7	18	7	19	7	19	7	20	7
18	8	19	8	19	8	20	8	20	8	21	8
19	9	20	9	20	9	21	9	21	9	22	9
20	10	21	10	21	10	22	10	22	10	23	10
21	11	22	11	22	11	23	11	23	11	24	11
22	12	23	12	23	12	24	12	24	12	25	12
23	13	24	13	24	13	25	13	25	13	26	13
24	14	25	14	25	14	26	14	26	14	27	14
25	15	26	15	26	15	27	15	27	15	28	15
26	16	27	16	27	16	28	16	28	16	29	16
27	17	28	17	28	17	29	17	29	17	30	17
28	18	29	18	29	18	30	18	30	18	An XI. — Fructidor. 1	18
29	19	30	19	30	19	An XI. — Messidor. 1	19	An XI. — Thermidor. 1	19	2	19
30	20	An XI. — Floréal. 1	20	An XI. — Prairial. 1	20	2	20	2	20	3	20
An XI. — Germinal. 1	21	2	21	2	21	3	21	3	21	4	21
2	22	3	22	3	22	4	22	4	22	5	22
3	23	4	23	4	23	5	23	5	23	6	23
4	24	5	24	5	24	6	24	6	24	7	24
5	25	6	25	6	25	7	25	7	25	8	25
6	26	7	26	7	26	8	26	8	26	9	26
7	27	8	27	8	27	9	27	9	27	10	27
8	28	9	28	9	28	10	28	10	28	11	28
9	29	10	29	10	29	11	29	11	29	12	29
10	30	11	30	11	30	12	30	12	30	13	30
11	31			12	31			13	31	14	31

AN XI-XII. — 1803-04.

AN XI. *Fructidor.* suite	AN 1803. *Septembre.*	AN XII. *Vendémiaire.* suite	AN 1803. *Octobre.*	AN XII. *Brumaire.* suite	AN 1803. *Novembre.*	AN XII. *Frimaire.* suite	AN 1803. *Décembre.*	AN XII. *Nivôse.* suite	AN 1804. *Janvier.*	AN XII. *Pluviôse.* suite	AN 1804. *Février.*
15	1	9	1	10	1	10	1	11	1	12	1
16	2	10	2	11	2	11	2	12	2	13	2
17	3	11	3	12	3	12	3	13	3	14	3
18	4	12	4	13	4	13	4	14	4	15	4
19	5	13	5	14	5	14	5	15	5	16	5
20	6	14	6	15	6	15	6	16	6	17	6
21	7	15	7	16	7	16	7	17	7	18	7
22	8	16	8	17	8	17	8	18	8	19	8
23	9	17	9	18	9	18	9	19	9	20	9
24	10	18	10	19	10	19	10	20	10	21	10
25	11	19	11	20	11	20	11	21	11	22	11
26	12	20	12	21	12	21	12	22	12	23	12
27	13	21	13	22	13	22	13	23	13	24	13
28	14	22	14	23	14	23	14	24	14	25	14
29	15	23	15	24	15	24	15	25	15	26	15
30	16	24	16	25	16	25	16	26	16	27	16
Jours comp. 1	17	25	17	26	17	26	17	27	17	28	17
2	18	26	18	27	18	27	18	28	18	29	18
3	19	27	19	28	19	28	19	29	19	30	19
4	20	28	20	29	20	29	20	30	20	An XII.—Ventôse. 1	20
5	21	29	21	30	21	30	21	An XII.—Pluviôse. 1	21	2	21
6	22	30	22	An XII.—Frimaire. 1	22	An XII.—Nivôse. 1	22	2	22	3	22
An XII.—Vendém. 1	23	An XII.—Brumaire. 1	23	2	23	2	23	3	23	4	23
2	24	2	24	3	24	3	24	4	24	5	24
3	25	3	25	4	25	4	25	5	25	6	25
4	26	4	26	5	26	5	26	6	26	7	26
5	27	5	27	6	27	6	27	7	27	8	27
6	28	6	28	7	28	7	28	8	28	9	28
7	29	7	29	8	29	8	29	9	29	10	29
8	30	8	30	9	30	9	30	10	30		
		9	31			10	31	11	31		

**

AN XII. — 1804.

AN XII. *Ventôse.* suite	AN 1804. *Mars.*	AN XII. *Germinal.* suite	AN 1804. *Avril.*	AN XII. *Floréal.* suite	AN 1804. *Mai.*	AN XII. *Prairial.* suite	AN 1804. *Juin.*	AN XII. *Messidor.* suite	AN 1804. *Juillet.*	AN XII. *Thermidor.* suite	AN 1804. *Août.*
11	1	12	1	12	1	13	1	13	1	14	1
12	2	13	2	13	2	14	2	14	2	15	2
13	3	14	3	14	3	15	3	15	3	16	3
14	4	15	4	15	4	16	4	16	4	17	4
15	5	16	5	16	5	17	5	17	5	18	5
16	6	17	6	17	6	18	6	18	6	19	6
17	7	18	7	18	7	19	7	19	7	20	7
18	8	19	8	19	8	20	8	20	8	21	8
19	9	20	9	20	9	21	9	21	9	22	9
20	10	21	10	21	10	22	10	22	10	23	10
21	11	22	11	22	11	23	11	23	11	24	11
22	12	23	12	23	12	24	12	24	12	25	12
23	13	24	13	24	13	25	13	25	13	26	13
24	14	25	14	25	14	26	14	26	14	27	14
25	15	26	15	26	15	27	15	27	15	28	15
26	16	27	16	27	16	28	16	28	16	29	16
27	17	28	17	28	17	29	17	29	17	30	17
28	18	29	18	29	18	30	18	30	18	An XII. — Fructidor. 1	18
29	19	30	19	30	19	An XII. — Messidor. 1	19	An XII. — Thermidor. 1	19	2	19
30	20	An XII. — Floréal. 1	20	An XII. — Prairial. 1	20	2	20	2	20	3	20
An XII. — Germinal. 1	21	2	21	2	21	3	21	3	21	4	21
2	22	3	22	3	22	4	22	4	22	5	22
3	23	4	23	4	23	5	23	5	23	6	23
4	24	5	24	5	24	6	24	6	24	7	24
5	25	6	25	6	25	7	25	7	25	8	25
6	26	7	26	7	26	8	26	8	26	9	26
7	27	8	27	8	27	9	27	9	27	10	27
8	28	9	28	9	28	10	28	10	28	11	28
9	29	10	29	10	29	11	29	11	29	12	29
10	30	11	30	11	30	12	30	12	30	13	30
11	31			12	31			13	31	14	31

AN XII-XIII. — 1804-05.

AN XII. *Fructidor.* suite	AN 1804. *Septembre.*	AN XIII. *Vendémiaire.* suite	AN 1804. *Octobre.*	AN XIII. *Brumaire.* suite	AN 1804. *Novembre.*	AN XIII. *Frimaire.* suite	AN 1804. *Décembre.*	AN XIII. *Nivôse.* suite	AN 1805. *Janvier.*	AN XIII. *Pluviôse.* suite	AN 1805. *Février.*
15	1	10	1	11	1	11	1	12	1	13	1
16	2	11	2	12	2	12	2	13	2	14	2
17	3	12	3	13	3	13	3	14	3	15	3
18	4	13	4	14	4	14	4	15	4	16	4
19	5	14	5	15	5	15	5	16	5	17	5
20	6	15	6	16	6	16	6	17	6	18	6
21	7	16	7	17	7	17	7	18	7	19	7
22	8	17	8	18	8	18	8	19	8	20	8
23	9	18	9	19	9	19	9	20	9	21	9
24	10	19	10	20	10	20	10	21	10	22	10
25	11	20	11	21	11	21	11	22	11	23	11
26	12	21	12	22	12	22	12	23	12	24	12
27	13	22	13	23	13	23	13	24	13	25	13
28	14	23	14	24	14	24	14	25	14	26	14
29	15	24	15	25	15	25	15	26	15	27	15
30	16	25	16	26	16	26	16	27	16	28	16
jours comp. 1	17	26	17	27	17	27	17	28	17	29	17
2	18	27	18	28	18	28	18	29	18	30	18
3	19	28	19	29	19	29	19	30	19	An XIII.—Ventôse. 1	19
4	20	29	20	30	20	30	20	An XIII. — Pluviôse. 1	20	2	20
5	21	30	21	An XIII.—Frimaire 1	21	An XIII.—Nivôse. 1	21	2	21	3	21
An XIII.—Vendém. 1	22	An XIII.—Brumaire. 1	22	2	22	2	22	3	22	4	22
2	23	2	23	3	23	3	23	4	23	5	23
3	24	3	24	4	24	4	24	5	24	6	24
4	25	4	25	5	25	5	25	6	25	7	25
5	26	5	26	6	26	6	26	7	26	8	26
6	27	6	27	7	27	7	27	8	27	9	27
7	28	7	28	8	28	8	28	9	28	10	28
8	29	8	29	9	29	9	29	10	29		
9	30	9	30	10	30	10	30	11	30		
		10	31			11	31	12	31		

AN XIII. — 1805.

AN XIII. *Ventôse.* suite	AN 1805. *Mars.*	AN XIII. *Germinal.* suite	AN 1805. *Avril.*	AN XIII. *Floréal.* suite	AN 1805. *Mai.*	AN XIII. *Prairial.* suite	AN 1805. *Juin.*	AN XIII. *Messidor.* suite	AN 1805. *Juillet.*	AN XIII. *Thermidor.* suite	AN 1805. *Août.*
11	1	12	1	12	1	13	1	13	1	14	1
12	2	13	2	13	2	14	2	14	2	15	2
13	3	14	3	14	3	15	3	15	3	16	3
14	4	15	4	15	4	16	4	16	4	17	4
15	5	16	5	16	5	17	5	17	5	18	5
16	6	17	6	17	6	18	6	18	6	19	6
17	7	18	7	18	7	19	7	19	7	20	7
18	8	19	8	19	8	20	8	20	8	21	8
19	9	20	9	20	9	21	9	21	9	22	9
20	10	21	10	21	10	22	10	22	10	23	10
21	11	22	11	22	11	23	11	23	11	24	11
22	12	23	12	23	12	24	12	24	12	25	12
23	13	24	13	24	13	25	13	25	13	26	13
24	14	25	14	25	14	26	14	26	14	27	14
25	15	26	15	26	15	27	15	27	15	28	15
26	16	27	16	27	16	28	16	28	16	29	16
27	17	28	17	28	17	29	17	29	17	30	17
28	18	29	18	29	18	30	18	30	18	An XIII.—Fructidor. 1	18
29	19	30	19	30	19	An XIII.—Messidor. 1	19	An XIII.—Thermidor 1	19	2	19
30	20	An XIII.—Floréal. 1	20	An XIII.—Prairial. 1	20	2	20	2	20	3	20
An XIII.—Germinal. 1	21	2	21	2	21	3	21	3	21	4	21
2	22	3	22	3	22	4	22	4	22	5	22
3	23	4	23	4	23	5	23	5	23	6	23
4	24	5	24	5	24	6	24	6	24	7	24
5	25	6	25	6	25	7	25	7	25	8	25
6	26	7	26	7	26	8	26	8	26	9	26
7	27	8	27	8	27	9	27	9	27	10	27
8	28	9	28	9	28	10	28	10	28	11	28
9	29	10	29	10	29	11	29	11	29	12	29
10	30	11	30	11	30	12	30	12	30	13	30
11	31			12	31			13	31	14	31

AN XIII-XIV. — 1805-06.

AN XIII. Fructidor. suite	AN 1805. Septembre.	AN XIV. Vendémiaire. suite	AN 1805. Octobre.	AN XIV. Brumaire. suite	AN 1805. Novembre.	AN XIV. Frimaire. suite	AN 1805. Décembre.	AN XIV. Nivôse. suite	AN 1806. Janvier.	AN XIV. Pluviôse. suite	AN 1806. Février.
15	1	10	1	11	1	11	1	12	1	13	1
16	2	11	2	12	2	12	2	13	2	14	2
17	3	12	3	13	3	13	3	14	3	15	3
18	4	13	4	14	4	14	4	15	4	16	4
19	5	14	5	15	5	15	5	16	5	17	5
20	6	15	6	16	6	16	6	17	6	18	6
21	7	16	7	17	7	17	7	18	7	19	7
22	8	17	8	18	8	18	8	19	8	20	8
23	9	18	9	19	9	19	9	20	9	21	9
24	10	19	10	20	10	20	10	21	10	22	10
25	11	20	11	21	11	21	11	22	11	23	11
26	12	21	12	22	12	22	12	23	12	24	12
27	13	22	13	23	13	23	13	24	13	25	13
28	14	23	14	24	14	24	14	25	14	26	14
29	15	24	15	25	15	25	15	26	15	27	15
30	16	25	16	26	16	26	16	27	16	28	16
jours comp. 1	17	26	17	27	17	27	17	28	17	29	17
2	18	27	18	28	18	28	18	29	18	30	18
3	19	28	19	29	19	29	19	30	19	An XIV. — Ventôse. 1	19
4	20	29	20	30	20	30	20	An XIV. — Pluviôse. 1	20	2	20
5	21	30	21	An XIV. — Frimaire. 1	21	An XIV. — Nivôse. 1	21	2	21	3	21
An XIV. — Vend. 1	22	An XIV. — Brumaire. 1	22	2	22	2	22	3	22	4	22
2	23	2	23	3	23	3	23	4	23	5	23
3	24	3	24	4	24	4	24	5	24	6	24
4	25	4	25	5	25	5	25	6	25	7	25
5	26	5	26	6	26	6	26	7	26	8	26
6	27	6	27	7	27	7	27	8	27	9	27
7	28	7	28	8	28	8	28	9	28	10	28
8	29	8	29	9	29	9	29	10	29		
9	30	9	30	10	30	10	30	11	30		
		10	31			11	31	12	31		

AN XIV. — 1806.

AN XIV. *Ventôse.* suite	AN 1806. — *Mars.*	AN XIV. *Germinal.* suite	AN 1806. — *Avril.*	AN XIV. *Floréal.* suite	AN 1806. — *Mai.*	AN XIV. *Prairial.* suite	AN 1806. — *Juin.*	AN XIV. *Messidor.* suite	AN 1806. — *Juillet.*	AN XIV. *Thermidor.* suite	AN 1806. — *Août.*	AN XIV. *Fructidor.* suite	AN 1806. — *Septembre.*
11	1	12	1	12	1	13	1	13	1	14	1	15	1
12	2	13	2	13	2	14	2	14	2	15	2	16	2
13	3	14	3	14	3	15	3	15	3	16	3	17	3
14	4	15	4	15	4	16	4	16	4	17	4	18	4
15	5	16	5	16	5	17	5	17	5	18	5	19	5
16	6	17	6	17	6	18	6	18	6	19	6	20	6
17	7	18	7	18	7	19	7	19	7	20	7	21	7
18	8	19	8	19	8	20	8	20	8	21	8	22	8
19	9	20	9	20	9	21	9	21	9	22	9	23	9
20	10	21	10	21	10	22	10	22	10	23	10	24	10
21	11	22	11	22	11	23	11	23	11	24	11	25	11
22	12	23	12	23	12	24	12	24	12	25	12	26	12
23	13	24	13	24	13	25	13	25	13	26	13	27	13
24	14	25	14	25	14	26	14	26	14	27	14	28	14
25	15	26	15	26	15	27	15	27	15	28	15	29	15
26	16	27	16	27	16	28	16	28	16	29	16	30	16
27	17	28	17	28	17	29	17	29	17	30	17	jours comp. 1	17
28	18	29	18	29	18	30	18	30	18	An XIV. — Fructidor. 1	18	2	18
29	19	30	19	30	19	An XIV. — Messidor. 1	19	An XIV. — Thermidor. 1	19	2	19	3	19
30	20	An XIV. — Floréal. 1	20	An XIV. — Prairial. 1	20	2	20	2	20	3	20	4	20
An XIV. — Germinal. 1	21	2	21	2	21	3	21	3	21	4	21	5	21
2	22	3	22	3	22	4	22	4	22	5	22		
3	23	4	23	4	23	5	23	5	23	6	23		
4	24	5	24	5	24	6	24	6	24	7	24		
5	25	6	25	6	25	7	25	7	25	8	25		
6	26	7	26	7	26	8	26	8	26	9	26		
7	27	8	27	8	27	9	27	9	27	10	27		
8	28	9	28	9	28	10	28	10	28	11	28		
9	29	10	29	10	29	11	29	11	29	12	29		
10	30	11	30	11	30	12	30	12	30	13	30		
11	31			12	31			13	31	14	31		

Fin de l'an XIV et 22 septembre 1806, époque où le calendrier grégorien a été remis en usage. (Loi, 22 fructidor an 14).

BARÊME.

De 1 Fran à 41 Francs.

MONTANT des Contribut. F. C.	1 douzième échu le 1 Février. F. C.	2 douzièm. échus le 1 Mars. F. C.	3 douzièm. échus le 1 Avril. F. C.	4 douzièm. échus le 1 Mai. F. C.	5 douzièm. échus le 1 Juin. F. C.	6 douzièm. échus le 1 Juillet. F. C.	7 douzièmes échus le 1 Août. F. C.	8 douzièmes échus le 1 Septembre F. C.	9 douzièmes échus le 1 Octobre. F. C.	10 douzièmes échus le 1 Novembre. F. C.	11 douzièmes échus le 1 Décembre F. C.	12 douzièm. échus le 1 Janvier. F. C.
1	» 08	» 17	» 25	» 33	» 42	» 50	» 58	» 67	» 75	» 83	» 92	1 »
2 »	» 17	» 33	» 50	» 67	» 83	1 00	1 17	1 33	1 50	1 67	1 83	2 »
3 »	» 25	» 50	» 75	1 00	1 25	1 50	1 75	2 00	2 25	2 50	2 75	3 »
4 »	» 33	» 67	1 00	1 33	1 67	2 00	2 33	2 67	3 00	3 33	3 67	4 »
5 »	» 42	» 83	1 25	1 67	2 08	2 50	2 92	3 33	3 75	4 17	4 58	5 »
6 »	» 50	1 00	1 50	2 00	2 50	3 00	3 50	4 00	4 50	5 00	5 50	6 »
7 »	» 58	1 17	1 75	2 33	2 92	3 50	4 08	4 67	5 25	5 83	6 42	7 »
8 »	» 67	1 33	2 00	2 67	3 33	4 00	4 67	5 33	6 00	6 67	7 33	8 »
9 »	» 75	1 50	2 25	3 00	3 75	4 50	5 25	6 00	6 75	7 50	8 25	9 »
10 »	» 83	1 67	2 50	3 33	4 17	5 00	5 83	6 67	7 50	8 33	9 17	10 »
11 »	» 92	1 83	2 75	3 67	4 58	5 50	6 42	7 33	8 25	9 17	10 08	11 »
12 »	1 00	2 00	3 00	4 00	5 00	6 00	7 00	8 00	9 00	10 00	11 00	12 »
13 »	1 08	2 17	3 25	4 33	5 42	6 50	7 58	8 67	9 75	10 83	11 92	13 »
14 »	1 17	2 33	3 50	4 67	5 83	7 00	8 17	9 33	10 50	11 67	12 83	14 »
15 »	1 25	2 50	3 75	5 00	6 25	7 50	8 75	10 00	11 25	12 50	13 75	15 »
16 »	1 33	2 67	4 00	5 33	6 67	8 00	9 33	10 67	12 00	13 33	14 67	16 »
17 »	1 42	2 83	4 25	5 67	7 08	8 50	9 92	11 33	12 75	14 17	15 58	17 »
18 »	1 50	3 00	4 50	6 00	7 50	9 00	10 50	12 00	13 50	15 00	16 50	18 »
19 »	1 58	3 17	4 75	6 33	7 92	9 50	11 08	12 67	14 25	15 83	17 42	19 »
20 »	1 67	3 33	5 00	6 67	8 33	10 00	11 67	13 33	15 00	16 67	18 33	20 »
21 »	1 75	3 50	5 25	7 00	8 75	10 50	12 25	14 00	15 75	17 50	19 25	21 »
22 »	1 83	3 67	5 50	7 33	9 17	11 00	12 83	14 67	16 50	18 33	20 17	22 »
23 »	1 92	3 83	5 75	7 67	9 58	11 50	13 42	15 33	17 25	19 17	21 08	23 »
24 »	2 00	4 00	6 00	8 00	10 00	12 00	14 00	16 00	18 00	20 00	22 00	24 »
25 »	2 08	4 17	6 25	8 33	10 42	12 50	14 58	16 67	18 75	20 83	22 92	25 »
26 »	2 17	4 33	6 50	8 67	10 83	13 00	15 17	17 33	19 50	21 67	23 83	26 »
27 »	2 25	4 50	6 75	9 00	11 25	13 50	15 75	18 00	20 25	22 50	24 75	27 »
28 »	2 33	4 67	7 00	9 33	11 67	14 00	16 33	18 67	21 00	23 33	25 67	28 »
29 »	2 42	4 83	7 25	9 67	12 08	14 50	16 92	19 33	21 75	24 17	26 58	29 »
30 »	2 50	5 00	7 50	10 00	12 50	15 00	17 50	20 00	22 50	25 00	27 50	30 »
31 »	2 58	5 17	7 75	10 33	12 92	15 50	18 08	20 67	23 25	25 83	28 42	31 »
32 »	2 67	5 33	8 00	10 67	13 33	16 00	18 67	21 33	24 00	26 67	29 33	32 »
33 »	2 75	5 50	8 25	11 00	13 75	16 50	19 25	22 00	24 75	27 50	30 25	33 »
34 »	2 83	5 67	8 50	11 33	14 17	17 00	19 83	22 67	25 50	28 33	31 17	34 »
35 »	2 92	5 83	8 75	11 67	14 58	17 50	20 42	23 33	26 25	29 17	32 08	35 »
36 »	3 00	6 00	9 00	12 00	15 00	18 00	21 00	24 00	27 00	30 00	33 00	36 »
37 »	3 08	6 17	9 25	12 33	15 42	18 50	21 58	24 67	27 75	30 83	33 92	37 »
38 »	3 17	6 33	9 50	12 67	15 83	19 00	22 17	25 33	28 50	31 67	34 83	38 »
39 »	3 27	6 50	9 75	13 00	16 25	19 50	22 75	26 00	29 25	32 50	35 75	39 »
40 »	3 33	6 67	10 00	13 33	16 67	20 00	23 33	26 67	30 00	33 33	36 67	40 »
41 »	3 42	6 83	10 25	13 67	17 08	20 50	23 92	27 33	30 75	34 17	37 58	41 »

MONTANT des Contribut.	1 douzième échu le 1 Février.	2 douzièm. échus le 1 Mars.	3 douzièm. échus le 1 Avril.	4 douzièm. échus le 1 Mai.	5 douzièm. échus le 1 Juin.	6 douzièm. échus le 1 Juillet.	7 douzièmes échus le 1 Août.	8 douzièmes échus le 1 Septembre	9 douzièmes échus le 1 Octobre.	10 douzièmes. échus le 1 Novembre	11 douzièmes échus le 1 Décembre.	12 douzièm. échus le 1 Janvier
F. C.	F. C.	F. C.	F. C.	F. C.	F. C.	F. C.	F. C.	F. C.	F. C.	F. C.	F. C.	F. C.
42 »	3 50	7 00	10 50	14 00	17 50	21 00	24 50	28 00	31 50	35 00	38 50	42 »
43 »	3 58	7 17	10 75	14 33	17 92	21 50	25 08	28 67	32 25	35 83	39 42	43 »
44 »	3 67	7 33	11 00	14 67	18 33	22 00	25 67	29 33	33 00	36 67	40 33	44 »
45 »	3 75	7 50	11 25	15 00	18 75	22 50	26 25	30 00	33 75	37 50	41 25	45 »
46 »	3 83	7 67	11 50	15 33	19 17	23 00	26 83	30 67	34 50	38 33	42 17	46 »
47 »	3 92	7 83	11 75	15 67	19 58	23 50	27 42	31 33	35 25	39 17	43 08	47 »
48 »	4 00	8 00	12 00	16 00	20 00	24 00	28 00	32 00	36 00	40 00	44 00	48 »
49 »	4 08	8 17	12 25	16 33	20 42	24 50	28 58	32 67	36 75	40 83	44 92	49 »
50 »	4 17	8 33	12 50	16 67	20 83	25 00	29 17	33 33	37 50	41 67	45 83	50 »
51 »	4 25	8 50	12 75	17 00	21 25	25 50	29 75	34 00	38 25	42 50	46 75	51 »
52 »	4 33	8 67	13 00	17 33	21 67	26 00	30 33	34 67	39 00	43 33	47 67	52 »
53 »	4 42	8 83	13 25	17 67	22 08	26 50	30 92	35 33	39 75	44 17	48 58	53 »
54 »	4 50	9 00	13 50	18 00	22 50	27 00	31 50	36 00	40 50	45 00	49 50	54 »
55 »	4 58	9 17	13 75	18 33	22 92	27 50	32 08	36 67	41 25	45 83	50 42	55 »
56 »	4 67	9 33	14 00	18 67	23 33	28 00	32 67	37 33	42 00	46 67	51 33	56 »
57 »	4 75	9 50	14 25	19 00	23 75	28 50	33 25	38 00	42 75	47 50	52 25	57 »
58 »	4 83	9 67	14 50	19 33	24 17	29 00	33 83	38 67	43 50	48 33	53 17	58 »
59 »	4 92	9 83	14 75	19 67	24 58	29 50	34 42	39 33	44 25	49 17	54 08	59 »
60 »	5 00	10 00	15 00	20 00	25 00	30 00	35 00	40 00	45 00	50 00	55 00	60 »
61 »	5 08	10 17	15 25	20 33	25 42	30 50	35 58	40 67	45 75	50 83	55 92	61 »
62 »	5 17	10 33	15 50	20 67	25 83	31 00	36 17	41 33	46 50	51 67	56 83	62 »
63 »	5 25	10 50	15 75	21 00	26 25	31 50	36 75	42 00	47 25	52 50	57 75	63 »
64 »	5 33	10 67	16 00	21 33	26 67	32 00	37 33	42 67	48 00	53 33	58 67	64 »
65 »	5 42	10 83	16 25	21 67	27 08	32 50	37 92	43 33	48 75	54 17	59 58	65 »
66 »	5 50	11 00	16 50	22 00	27 50	33 00	38 50	44 00	49 50	55 00	60 50	66 »
67 »	5 58	11 17	16 75	22 33	27 92	33 50	39 08	44 67	50 25	55 83	61 42	67 »
68 »	5 67	11 33	17 00	22 67	28 33	34 00	39 67	45 33	51 00	56 67	62 33	68 »
69 »	5 75	11 50	17 25	23 00	28 75	34 50	40 25	46 00	51 75	57 50	63 25	69 »
70 »	5 83	11 67	17 50	23 33	29 17	35 00	40 83	46 67	52 50	58 33	64 17	70 »
71 »	5 92	11 83	17 75	23 67	29 50	35 50	41 42	47 33	53 25	59 17	65 08	71 »
72 »	6 00	12 00	18 00	24 00	30 00	36 00	42 00	48 00	54 00	60 00	66 00	72 »
73 »	6 08	12 17	18 25	24 33	30 42	36 50	42 58	48 67	54 75	60 83	66 92	73 »
74 »	6 17	12 33	18 50	24 67	30 83	37 00	43 17	49 33	55 50	61 67	67 83	74 »
75 »	6 25	12 50	18 75	25 00	31 25	37 50	43 75	50 00	56 25	62 50	68 75	75 »
76 »	6 33	12 67	19 00	25 33	31 67	38 00	44 33	50 67	57 00	63 33	69 67	76 »
77 »	6 42	12 83	19 25	25 67	32 08	38 50	44 92	51 33	57 75	64 17	70 58	77 »
78 »	6 50	13 00	19 50	26 00	32 50	39 00	45 50	52 00	58 50	65 00	71 50	78 »
79 »	6 58	13 17	19 75	26 33	32 92	39 50	46 08	52 67	59 25	65 83	72 42	79 »
80 »	6 67	13 33	20 00	26 67	33 33	40 00	46 67	53 33	60 00	66 67	73 33	80 »
81 »	6 75	13 50	20 25	27 00	33 75	40 50	47 25	54 00	60 75	67 50	74 25	81 »
82 »	6 83	13 67	20 50	27 33	34 17	41 00	47 83	54 67	61 50	68 33	75 17	82 »

De 83 Francs à 123 Francs.

MONTANT des Contribut.	1 douzième échu le 1 Février.	2 douziém. échus le 1 Mars.	3 douziém. échus le 1 Avril.	4 douziém. échus le 1 Mai.	5 douziém. échus le 1 Juin.	6 douziém. échus le 1 Juillet.	7 douzièmes échus le 1 Août.	8 douzièmes échus le 1 Septembre	9 douzièmes échus le 1 Octobre.	10 douzièmes échus le 1 Novembre	11 douzièmes échus le 1 Décembre.	12 douziém. échus le 1 Janvier.
F. C.	F. C.	F. C.	F. C.	F. C.	F. C.	F. C.	F. C.	F. C.	F. C.	F. C.	F. C.	F. C.
83 »	6 92	13 83	20 75	27 67	34 58	41 50	48 42	55 33	62 25	69 17	76 08	83 »
84 »	7 00	14 00	21 00	28 00	35 00	42 00	49 00	56 00	63 00	70 00	77 00	84 »
85 »	7 08	14 17	21 25	28 33	35 42	42 50	49 58	56 67	63 75	70 83	77 92	85 »
86 »	7 17	14 33	21 50	28 67	35 83	43 00	50 17	57 33	64 50	71 67	78 83	86 »
87 »	7 25	14 50	21 75	29 00	36 25	43 50	50 75	58 00	65 25	72 50	79 75	87 »
88 »	7 33	14 67	22 00	29 33	36 67	44 00	51 33	58 67	66 00	73 33	80 67	88 »
89 »	7 42	14 83	22 25	29 67	37 08	44 50	51 92	59 33	66 75	74 17	81 58	89 »
90 »	7 50	15 00	22 50	30 00	37 50	45 00	52 50	60 00	67 50	75 00	82 50	90 »
91 »	7 58	15 17	22 75	30 33	37 92	45 50	53 08	60 67	68 25	75 83	83 42	91 »
92 »	7 67	15 33	23 00	30 67	38 33	46 00	53 67	61 33	69 00	76 67	84 33	92 »
93 »	7 75	15 50	23 25	31 00	38 75	46 50	54 25	62 00	69 75	77 50	85 25	93 »
94 »	7 83	15 67	23 50	31 33	39 17	47 00	54 83	62 67	70 50	78 33	86 17	94 »
95 »	7 92	15 83	23 75	31 67	39 58	47 50	55 42	63 33	71 25	79 17	87 08	95 »
96 »	8 00	16 00	24 00	32 00	40 00	48 00	56 00	64 00	72 00	80 00	88 00	96 »
97 »	8 08	16 17	24 25	32 33	40 42	48 50	56 58	64 67	72 75	80 83	88 92	97 »
98 »	8 17	16 33	24 50	32 67	40 83	49 00	57 17	65 33	73 50	81 67	89 83	98 »
99 »	8 25	16 50	24 75	33 00	41 25	49 50	57 75	66 00	74 25	82 50	90 75	99 »
100 »	8 33	16 67	25 00	33 33	41 67	50 00	58 33	66 67	75 00	83 33	91 67	100 »
101 »	8 42	16 83	25 25	33 67	42 08	50 50	58 92	67 33	75 75	84 17	92 58	101 »
102 »	8 50	17 00	25 50	34 00	42 50	51 00	59 50	68 00	76 50	85 00	93 50	102 »
103 »	8 58	17 17	25 75	34 33	42 92	51 50	60 08	68 67	77 25	85 83	94 42	103 »
104 »	8 67	17 33	26 00	34 67	43 33	52 00	60 67	69 33	78 00	86 67	95 33	104 »
105 »	8 75	17 50	26 25	35 00	43 75	52 50	61 25	70 00	78 75	87 50	96 25	105 »
106 »	8 83	17 67	26 50	35 33	44 17	53 00	61 83	70 67	79 50	88 33	97 17	106 »
107 »	8 92	17 83	26 75	35 67	44 58	53 50	62 42	71 33	80 25	89 17	98 08	107 »
108 »	9 00	18 00	27 00	36 00	45 00	54 00	63 00	72 00	81 00	90 00	99 00	108 »
109 »	9 08	18 17	27 25	36 33	45 42	54 50	63 58	72 67	81 75	90 83	99 92	109 »
110 »	9 17	18 33	27 50	36 67	45 83	55 00	64 17	73 33	82 50	91 67	100 83	110 »
111 »	9 25	18 50	27 75	37 00	46 25	55 50	64 75	74 00	83 25	92 50	101 75	111 »
112 »	9 33	18 67	28 00	37 33	46 67	56 00	65 33	74 67	84 00	93 33	102 67	112 »
113 »	9 42	18 83	28 25	37 67	47 08	56 50	65 92	75 33	84 75	94 17	103 58	113 »
114 »	9 50	19 00	28 50	38 00	47 50	57 00	66 50	76 00	85 50	95 00	104 50	114 »
115 »	9 58	19 17	28 75	38 33	47 92	57 50	67 08	76 67	86 25	95 83	105 42	115 »
116 »	9 67	19 33	29 00	38 67	48 33	58 00	67 67	77 33	87 00	96 67	106 33	116 »
117 »	9 75	19 50	29 25	39 00	48 75	58 50	68 25	78 00	87 75	97 50	107 25	117 »
118 »	9 83	19 67	29 50	39 33	49 17	59 00	68 83	78 67	88 50	98 33	108 17	118 »
119 »	9 92	19 83	29 75	39 67	49 58	59 50	69 42	79 33	89 25	99 17	109 08	119 »
120 »	10 00	20 00	30 00	40 00	50 00	60 00	70 00	80 00	90 00	100 00	110 00	120 »
121 »	10 08	20 17	30 25	40 33	50 42	60 50	70 58	80 67	90 75	100 83	110 92	121 »
122 »	10 17	20 33	30 50	40 67	50 83	61 00	71 17	81 33	91 50	101 67	111 83	122 »
123 »	10 25	20 50	30 75	41 00	51 25	61 50	71 75	82 00	92 25	102 50	112 75	123 »

De 124 Francs à 164 Francs.

MONTANT des Contribut.	1 douzième échu le 1 Février.	2 douziém. échus le 1 Mars.	3 douziém. échus le 1 Avril	4 douziém. échus le 1 Mai.	5 douziém. échus le 1 Juin	6 douziém. échus le 1 Juillet.	7 douzièmes échus le 1 Août.	8 douzièmes échus le 1 Septembre	9 douzièmes échus le 1 Octobre.	10 douzièmes échus le 1 Novembre	11 douzièmes échus le 1 Décembre.	12 douziém. échus le 1 Janvier
F. C.	F. C.	F. C.	F C.	F. C.	F. C.	F. C.	F. C.	F. C.	F. C.	F. C	F. C.	F.
124 »	10 33	20 67	31 00	41 33	51 67	62 00	72 33	82 67	93 00	103 33	113 67	124 »
125 »	10 42	20 83	31 25	41 67	52 08	62 50	72 92	83 33	93 75	104 17	114 58	125 »
126 »	10 50	21 00	31 50	42 00	52 50	63 00	73 50	84 00	94 50	105 00	115 50	126 »
127 »	10 58	21 17	31 75	42 33	52 92	63 50	74 08	84 67	95 25	105 83	116 42	127 »
128 »	10 67	21 33	32 00	42 67	53 33	64 00	74 67	85 33	96 00	106 67	117 33	128 »
129 »	10 75	21 50	32 25	43 00	53 75	64 50	75 25	86 00	96 75	107 50	118 25	129 »
130 »	10 83	21 67	32 50	43 33	54 17	65 00	75 23	86 67	97 50	108 33	119 17	130 »
131 »	10 92	21 83	32 75	43 67	54 58	65 50	76 82	87 33	98 25	109 17	120 08	131 »
132 »	11 00	22 00	33 00	44 00	55 00	66 00	77 40	88 00	99 00	110 00	121 00	132 »
133 »	11 08	22 17	33 25	44 33	55 42	66 50	77 08	88 67	99 75	110 83	121 92	133 »
134 »	11 17	22 33	33 50	44 67	55 83	67 00	78 57	89 33	100 50	111 67	122 83	134 »
135 »	11 25	22 50	33 75	45 00	56 25	67 50	78 15	90 00	101 25	112 50	123 75	135 »
136 »	11 33	22 67	34 00	45 33	56 67	68 00	79 73	90 67	102 00	113 33	124 67	136 »
137 »	11 42	22 83	34 25	45 67	57 08	68 50	79 32	91 33	102 75	114 17	125 58	137 »
138 »	11 50	23 00	34 50	46 00	57 50	69 00	80 90	92 00	103 50	115 00	126 50	138 »
139 »	11 58	23 17	34 75	46 33	57 92	69 50	84 98	92 67	104 25	115 83	127 42	139 »
140 »	11 67	23 33	35 00	46 67	58 33	70 00	81 67	93 33	105 00	116 67	128 33	140 »
141 »	11 75	23 50	35 25	47 00	58 75	70 50	82 85	94 00	105 75	117 50	129 25	141 »
142 »	11 83	23 67	35 50	47 33	59 17	71 00	82 43	94 67	106 50	118 33	130 17	142 »
143 »	11 92	23 83	35 75	47 67	59 58	71 50	83 02	95 33	107 25	119 17	131 08	143 »
144 »	12 00	24 00	36 00	48 00	60 00	72 00	84 50	96 00	108 00	120 00	132 00	144 »
145 »	12 08	24 17	36 25	48 33	60 42	72 50	84 18	96 67	108 75	120 83	132 92	145 »
146 »	12 17	24 33	36 50	48 67	60 83	73 00	85 77	07 33	109 50	121 67	133 83	146 »
147 »	12 25	24 50	36 75	49 00	61 25	73 50	85 35	98 00	110 25	122 50	134 75	147 »
148 »	12 33	24 67	37 00	49 33	61 67	74 00	86 93	98 67	111 00	123 33	135 67	148 »
149 »	12 42	24 83	37 25	49 67	62 08	74 50	86 52	99 33	111 75	124 17	136 58	149 »
150 »	12 50	25 00	37 50	50 00	62 50	75 00	87 00	100 00	112 50	125 00	137 50	150 »
151 »	12 58	25 17	37 75	50 33	62 92	75 50	88 68	100 67	113 25	125 83	138 42	151 »
152 »	12 67	25 33	38 00	50 67	63 33	76 00	88 27	101 33	114 00	126 67	139 33	152 »
153 »	12 75	25 50	38 25	51 00	63 75	76 50	89 85	102 00	114 75	127 50	140 25	153 »
154 »	12 83	25 67	38 50	51 33	64 17	77 00	89 43	102 67	115 50	128 33	141 17	154 »
155 »	12 92	25 83	38 75	51 67	64 58	77 50	90 02	103 33	116 25	129 17	142 08	155 »
156 »	13 00	26 00	39 00	52 00	65 00	78 00	91 50	104 00	117 00	130 00	143 00	156 »
157 »	13 08	26 17	39 25	52 33	65 42	78 50	91 18	104 67	117 75	130 83	143 92	157 »
158 »	13 17	26 33	39 50	52 67	65 83	79 00	92 77	105 33	118 50	131 67	144 83	158 »
159 »	13 25	26 50	39 75	53 00	66 25	79 50	92 35	106 00	119 25	132 50	145 75	159 »
160 »	13 33	26 67	40 00	53 33	66 67	80 00	93 93	106 67	120 00	133 33	146 67	160 »
161 »	13 42	26 83	40 25	53 67	67 08	80 50	93 52	107 33	120 75	134 17	147 58	161 »
162 »	13 50	27 00	40 50	54 00	67 50	81 00	94 50	108 00	121 50	135 00	148 50	162 »
163 »	13 58	27 17	40 75	54 33	67 92	81 50	94 08	108 67	122 25	135 83	149 42	163 »
164 »	13 67	27 33	41 00	54 67	68 33	82 00	95 67	109 33	123 00	136 67	150 33	164 »

De 165 Francs à 205 Francs.

MONTANT des Contribut.	1 douzième échu le 1 Février.	2 douzièm. échus le 1 Mars.	3 douzièm. échus le 1 Avril.	4 douzièm. échus le 1 Mai.	5 douzièm. échus le 1 Juin	6 douzièm. échus le 1 Juillet.	7 douzièmes échus le 1 Août.	8 douzièmes échus le 1 Septembre	9 douzièmes échus le 1 Octobre.	10 douzièmes échus le 1 Novembre	11 douzièmes échus le 1 Décembre.	12 douzièm. échus le 1 Janvier.
F. C.	F. C.	F. C.	F C.	F. C.	F. C.	F. C.	F. C.	F. C.	F. C.	F. C.	F. C.	F. C.
165 »	13 75	27 50	41 25	55 00	68 75	82 50	96 25	110 00	123 75	137 50	151 25	165 »
166 »	13 83	27 67	41 50	55 33	69 17	83 00	96 83	110 67	124 50	138 33	152 17	166 »
167 »	13 92	27 83	41 75	55 67	69 58	83 50	97 42	111 33	125 25	139 17	153 08	167 »
168 »	14 00	28 00	42 00	56 00	70 00	84 00	98 00	112 00	126 00	140 00	154 00	168 »
169 »	14 08	28 17	42 25	56 33	70 42	84 50	98 58	112 67	126 75	140 83	154 92	169 »
170 »	14 17	28 33	42 50	56 67	70 83	85 00	99 17	113 33	127 50	141 67	155 83	170 »
171 »	14 25	28 50	42 75	57 00	71 25	85 50	99 75	114 00	128 25	142 50	156 75	171 »
172 »	14 33	28 67	43 00	57 33	71 67	86 00	100 33	114 67	129 00	143 33	157 67	172 »
173 »	14 42	28 83	43 25	57 67	72 08	86 50	100 92	115 33	129 75	144 17	158 58	173 »
174 »	14 50	29 00	43 50	58 00	72 50	87 00	101 50	116 00	130 50	145 00	159 50	174 »
175 »	14 58	29 17	43 75	58 33	72 92	87 50	102 08	116 67	131 25	145 83	160 42	175 »
176 »	14 67	29 33	44 00	58 67	73 33	88 00	102 67	117 33	132 00	146 67	161 33	176 »
177 »	14 75	29 50	44 25	59 00	73 75	88 50	103 25	118 00	132 75	147 50	162 25	177 »
178 »	14 83	29 67	44 50	59 33	74 17	89 00	103 83	118 67	133 50	148 33	163 17	178 »
179 »	14 92	29 83	44 75	59 67	74 58	89 50	104 42	119 33	134 25	149 17	164 08	179 »
180 »	15 00	30 00	45 00	60 00	75 00	90 00	105 00	120 00	135 00	150 00	165 00	180 »
181 »	15 08	30 17	45 25	60 33	75 42	90 50	105 58	120 67	135 75	150 83	165 92	181 »
182 »	15 17	30 33	45 50	60 67	75 83	91 00	106 17	121 33	136 50	151 67	166 83	182 »
183 »	15 25	30 50	65 75	61 00	76 25	91 50	106 75	122 00	137 25	152 50	167 75	183 »
184 »	15 33	30 67	46 00	61 33	76 67	92 00	107 33	122 67	138 00	153 33	168 67	184 »
185 »	15 42	30 83	46 25	61 67	77 08	92 50	107 92	123 33	138 75	154 17	169 58	185 »
186 »	15 50	31 00	46 50	62 00	77 50	93 00	108 50	124 00	139 50	155 00	170 50	186 »
187 »	15 58	31 17	46 75	62 33	77 92	93 50	109 08	124 67	140 25	155 83	171 42	187 »
188 »	15 67	31 33	47 00	62 67	78 33	94 00	109 67	125 33	141 00	156 67	172 33	188 »
189 »	15 75	31 50	47 25	63 00	78 75	94 50	110 25	126 00	141 75	157 50	173 25	189 »
190 »	15 83	31 67	47 50	63 33	79 17	95 00	110 83	126 67	142 50	158 33	174 17	190 »
191 »	15 92	31 83	47 75	63 67	79 58	95 50	111 42	127 33	143 25	159 17	175 08	191 »
192 »	16 00	32 00	48 00	64 00	80 00	96 00	112 00	128 00	144 00	160 00	176 00	192 »
193 »	16 08	32 17	48 25	64 33	80 42	96 50	112 58	128 67	144 75	160 83	176 92	193 »
194 »	16 17	32 33	48 50	64 67	80 83	97 00	113 17	129 33	145 50	161 67	177 83	194 »
195 »	16 25	32 50	48 75	65 00	81 25	97 50	113 76	130 00	146 25	162 50	178 75	195 »
196 »	16 33	32 67	49 00	65 33	81 67	98 00	114 33	130 67	147 00	163 33	179 67	196 »
197 »	16 42	32 83	49 25	65 67	82 08	98 50	114 92	131 33	147 75	164 17	180 58	197 »
198 »	16 50	33 00	49 50	66 00	82 50	99 00	115 50	132 00	148 50	165 00	181 50	198 »
199 »	16 58	33 17	49 75	66 33	82 92	99 50	116 08	132 67	149 25	165 83	182 42	199 »
200 »	16 67	33 33	50 00	66 67	83 33	100 00	116 67	133 33	150 00	166 67	183 33	200 »
201 »	16 75	33 50	50 25	67 00	83 75	100 50	117 25	134 00	150 75	167 50	184 25	201 »
202 »	16 83	33 67	50 50	67 33	84 17	101 00	117 83	134 67	151 50	168 33	185 17	202 »
203 »	16 92	33 83	50 75	67 67	84 58	101 50	118 42	135 33	152 25	169 17	186 08	203 »
204 »	17 00	34 00	51 00	68 00	85 00	102 00	119 00	136 00	153 00	170 00	187 00	204 »
205 »	17 08	34 17	51 25	68 33	85 42	102 50	119 58	136 67	153 75	170 83	187 92	205 »

MONTANT des Contribut.	1 douzième échu le 1 Février.	2 douzièm. échus le 1 Mars.	3 douzièm. échus le 1 Avril.	4 douzièm. échus le 1 Mai.	5 douzièm. échus le 1 Juin.	6 douzièm. échus le 1 Juillet.	7 douzièmes échus le 1 Août.	8 douzièmes échus le 1 Septembre	9 douzièmes échus le 1 Octobre.	10 douzièmes échus le 1 Novembre.	11 douzièmes échus le 1 Décembre	12 douzièm. échus le 1 Janvier.
F. C.	F. C.	F. C.	F. C.	F. C.	F. C.	F. C.	F. C.	F. C.	F. C.	F. C.	F. C.	F. C.
206 »	17 17	34 33	51 50	68 67	85 83	103 00	120 17	137 33	154 50	171 67	188 83	206 »
207 »	17 25	34 50	51 75	69 00	86 25	103 50	120 75	138 00	155 25	172 50	189 75	207 »
208 »	17 33	34 67	52 00	69 33	86 67	104 00	121 33	138 67	156 00	173 33	190 67	208 »
209 »	17 42	34 83	52 25	69 67	87 08	104 50	121 92	139 33	156 75	174 17	191 58	209 »
210 »	17 50	35 00	52 50	70 00	87 50	105 00	122 50	140 00	157 50	175 00	192 50	210 »
211 »	17 58	35 17	52 75	70 33	87 92	105 50	123 08	140 67	158 25	175 83	193 42	211 »
212 »	17 67	35 33	53 00	70 67	88 33	106 00	123 67	141 33	159 00	176 67	194 33	212 »
213 »	17 75	35 50	53 25	71 00	88 75	106 50	124 25	142 00	159 75	177 50	195 25	213 »
214 »	17 83	35 67	53 50	71 33	89 17	107 00	124 83	142 67	160 50	178 33	196 17	214 »
215 »	17 92	35 83	53 75	71 67	89 58	107 50	125 42	143 33	161 25	179 17	197 08	215 »
216 »	18 00	36 00	54 00	72 00	90 00	108 00	126 00	144 00	162 00	180 00	198 00	216 »
217 »	18 08	36 17	54 25	72 33	90 42	108 50	126 58	144 67	162 75	180 83	198 92	217 »
218 »	18 17	36 33	54 50	72 67	90 83	109 00	127 17	145 33	163 50	181 67	199 83	218 »
219 »	18 25	36 50	54 75	73 00	91 25	109 50	127 75	146 00	164 25	182 50	200 75	219 »
220 »	18 33	36 67	55 00	73 33	91 67	110 00	128 33	146 67	165 00	183 33	201 67	220 »
221 »	18 42	36 83	55 25	73 67	92 08	110 50	128 92	147 33	165 75	184 17	202 58	221 »
222 »	18 50	37 00	55 50	74 00	92 50	111 00	129 50	148 00	166 50	185 00	203 50	222 »
223 »	18 58	37 17	55 75	74 33	92 92	111 50	130 08	148 67	167 25	185 83	204 42	223 »
224 »	18 67	37 33	56 00	74 67	93 33	112 00	130 67	149 33	168 00	186 67	205 33	224 »
225 »	18 75	37 50	56 25	75 00	93 75	112 50	131 25	150 00	168 75	187 50	206 25	225 »
226 »	18 83	37 67	56 50	75 33	94 17	113 00	131 83	150 67	169 50	188 33	207 17	226 »
227 »	18 92	37 83	56 75	75 67	94 58	113 50	132 42	151 33	170 25	189 17	208 08	227 »
228 »	19 00	38 00	57 00	76 00	95 00	114 00	133 00	152 00	171 00	190 00	209 00	228 »
229 »	19 08	38 17	57 25	76 33	95 42	114 50	133 58	152 67	171 75	190 83	209 92	229 »
230 »	19 17	38 33	57 50	76 67	95 83	115 00	134 17	153 33	172 50	191 67	210 83	230 »
231 »	19 25	38 50	57 75	77 00	96 25	115 50	134 75	154 00	173 25	192 50	211 75	231 »
232 »	19 33	38 67	58 00	77 33	96 67	116 00	135 33	154 67	174 00	193 33	212 67	232 »
233 »	19 42	38 83	58 25	77 67	97 08	116 50	135 92	155 33	174 75	194 17	213 58	233 »
234 »	19 50	39 00	58 50	78 00	97 50	117 00	136 50	156 00	175 50	195 00	214 50	234 »
235 »	19 58	39 17	58 75	78 33	97 92	117 50	137 08	156 67	176 25	195 83	215 42	235 »
236 »	19 67	39 33	59 00	78 67	98 33	118 00	137 67	157 33	177 00	196 67	216 33	236 »
237 »	19 75	39 50	59 25	79 00	98 75	118 50	138 25	158 00	177 75	197 50	217 25	237 »
238 »	19 83	39 67	59 50	79 33	99 17	119 00	138 83	158 67	178 50	198 33	218 17	238 »
239 »	19 92	39 83	59 75	79 67	99 58	119 50	139 42	159 33	179 25	199 17	219 08	239 »
240 »	20 00	40 00	60 00	80 00	100 00	120 00	140 00	160 00	180 00	200 00	220 00	240 »
241 »	20 08	40 17	60 25	80 33	100 42	120 50	140 58	160 67	180 75	200 83	220 92	241 »
242 »	20 17	40 33	60 50	80 67	100 83	121 00	141 17	161 33	181 50	201 67	221 83	242 »
243 »	20 25	40 50	60 75	81 00	101 25	121 50	141 75	162 00	182 25	202 50	222 75	243 »
244 »	20 33	40 67	61 00	81 33	101 67	122 00	142 33	162 67	183 00	203 33	223 67	244 »
245 »	20 42	40 83	61 25	81 67	102 08	122 50	142 92	163 33	183 75	204 17	224 58	245 »
246 »	20 50	41 00	61 50	82 00	102 50	123 00	143 50	164 00	184 50	205 00	225 50	246 »

De 247 Francs à 287 Francs.

MONTANT des Contribut.	1 douzième échu le 1 Février.	2 douzièm. échus le 1 Mars.	3 douzièm. échus le 1 Avril.	4 douzièm. échus le 1 Mai.	5 douzièm. échus le 1 Juin.	6 douzièm. échus le 1 Juillet.	7 douzièmes échus le 1 Août.	8 douzièmes échus le 1 Septembre	9 douzièmes échus le 1 Octobre.	10 douzièmes. échus le 1 Novembre	11 douzièmes échus le 1 Décembre.	12 douzièm. échus le 1 Janvier.
F. C.	F. C.	F. C.	F. C.	F. C.	F. C.	F. C.	F. C.	F. C.	F. C.	F. C.	F. C.	F. C.
247 »	20 58	41 17	61 75	82 33	102 92	123 50	144 08	164 67	185 25	205 83	226 42	247 »
248 »	20 67	41 33	62 00	82 67	103 33	124 00	144 67	165 33	186 00	206 67	227 33	248 »
249 »	20 75	41 50	62 25	83 00	103 75	124 50	145 25	166 00	186 75	207 50	228 25	249 »
250 »	20 83	41 67	62 50	83 33	104 17	125 00	145 83	166 67	187 50	208 33	229 17	250 »
251 »	20 92	41 83	62 75	83 67	104 58	125 50	146 42	167 33	188 25	209 17	230 08	251 »
252 »	21 00	42 00	63 00	84 00	105 00	126 00	147 00	168 00	189 00	210 00	231 00	252 »
253 »	21 08	42 17	63 25	84 33	105 42	126 50	147 58	168 67	189 75	210 83	231 92	253 »
254 »	21 17	42 33	63 50	84 67	105 83	127 00	148 17	169 33	190 50	211 67	232 83	254 »
255 »	21 25	42 50	63 75	85 00	106 25	127 50	148 75	170 00	191 25	212 50	233 75	255 »
256 »	21 33	42 67	64 00	85 33	106 67	128 00	149 33	170 67	192 00	213 33	234 67	256 »
257 »	21 42	42 83	64 25	85 67	107 08	128 50	149 92	171 33	192 75	214 17	235 58	257 »
258 »	21 50	43 00	64 50	86 00	107 50	129 00	150 50	172 00	193 50	215 00	236 50	258 »
259 »	21 58	43 17	64 75	86 33	107 92	129 50	151 08	172 67	194 25	215 83	237 42	259 »
260 »	21 67	43 33	65 00	86 67	108 33	130 00	151 67	173 33	195 00	216 67	238 33	260 »
261 »	21 75	43 50	65 25	87 00	108 75	130 50	152 25	174 00	195 75	217 50	239 25	261 »
262 »	21 83	43 67	65 50	87 33	109 17	131 00	152 83	174 67	196 50	218 33	240 17	262 »
263 »	21 92	43 83	65 75	87 67	109 58	131 50	153 42	175 33	197 25	219 17	241 08	263 »
264 »	22 00	44 00	66 00	88 00	110 00	132 00	154 00	176 00	198 00	220 00	242 00	264 »
265 »	22 08	44 17	66 25	88 33	110 42	132 50	154 58	176 67	198 75	220 83	242 92	265 »
266 »	22 17	44 33	66 50	88 67	110 83	133 00	155 17	177 33	199 50	221 67	243 83	266 »
267 »	22 25	44 50	66 75	89 00	111 25	133 50	155 75	178 00	200 25	222 50	244 75	267 »
268 »	22 33	44 67	67 00	89 33	111 67	134 00	156 33	178 67	201 00	223 33	245 67	268 »
269 »	22 42	44 83	67 25	89 67	112 08	134 50	156 92	179 33	201 75	224 17	246 58	269 »
270 »	22 50	45 00	67 50	90 00	112 50	135 00	157 50	180 00	202 50	225 00	247 50	270 »
271 »	22 58	45 17	67 75	90 33	112 92	135 50	158 08	180 67	203 25	225 83	248 42	271 »
272 »	22 67	45 33	68 00	90 67	113 33	136 00	158 67	181 33	204 00	226 67	249 33	272 »
273 »	22 75	45 50	68 25	91 00	113 75	136 50	159 25	182 00	204 75	227 50	250 25	273 »
274 »	22 83	45 67	68 50	91 33	114 17	137 00	159 83	182 67	205 50	228 33	251 17	274 »
275 »	22 92	45 83	68 75	91 67	114 58	137 50	160 42	183 33	206 25	229 17	252 08	275 »
276 »	23 00	46 00	69 00	92 00	115 00	138 00	161 00	184 00	207 00	230 00	253 00	276 »
277 »	23 08	46 17	69 25	92 33	115 42	138 50	161 58	184 67	207 75	230 83	253 92	277 »
278 »	23 17	46 33	69 50	92 67	115 83	139 00	162 17	185 33	208 50	231 67	254 83	278 »
279 »	23 25	46 50	69 75	93 00	116 25	139 50	162 75	186 00	209 25	232 50	255 75	279 »
280 »	23 33	46 67	70 00	93 33	116 67	140 00	163 33	186 67	210 00	233 33	256 67	280 »
281 »	23 42	46 83	70 25	93 67	117 08	140 50	163 92	187 33	210 75	234 17	257 58	281 »
282 »	23 50	47 00	70 50	94 00	117 50	141 00	164 50	188 00	211 50	235 00	258 50	282 »
283 »	23 58	47 17	70 75	94 33	117 92	141 50	165 08	188 67	212 25	235 83	259 42	283 »
284 »	23 67	47 33	71 00	94 67	118 33	142 00	165 67	189 33	213 00	236 67	260 33	284 »
285 »	23 75	47 50	71 25	95 00	118 75	142 50	166 25	190 00	213 75	237 50	261 25	285 »
236 »	23 83	47 67	71 50	95 33	119 17	143 00	166 83	190 67	214 50	238 33	262 17	286 »
287 »	23 92	47 83	71 75	95 67	119 58	143 50	167 42	191 33	215 25	239 17	263 08	287 »

De 247 Francs à 636 Francs.

MONTANT des Contribut.	1 douzième échu le 1 Février.	2 douzièm. échus le 1 Mars.	3 douzièm. échus le 1 Avril.	4 douzièm. échus le 1 Mai.	5 douzièm. échus le 1 Juin.	6 douzièm. échus le 1 Juillet.	7 douzièmes échus le 1 Août.	8 douzièmes échus le 1 Septembre	9 douzièmes échus le 1 Octobre.	10 douzièmes échus le 1 Novembre.	11 douzièmes échus le 1 Décembre	12 douzièm. échus le 1 Janvier.
F. C.	F. C.	F. C.	F. C.	F. C.	F. C.	F. C.	F. C.	F. C.	F. C.	F. C.	F. C.	F. C.
288 »	24 00	48 00	72 00	96 00	120 00	144 00	168 00	192 00	216 00	240 00	264 00	288 »
289 »	24 08	48 17	72 25	96 33	120 42	144 50	168 58	192 67	216 75	240 83	264 92	289 »
290 »	24 17	48 33	72 50	96 67	120 83	145 00	169 17	193 33	217 50	241 67	265 83	290 »
291 »	24 25	48 50	72 75	97 00	121 25	145 50	169 75	194 00	218 25	242 50	266 75	291 »
292 »	24 33	48 67	73 00	97 33	121 67	146 00	170 33	194 67	219 00	243 33	267 67	292 »
293 »	24 42	48 83	73 25	97 67	122 08	146 50	170 92	195 33	219 75	244 17	268 58	293 »
294 »	24 50	49 00	73 50	98 00	122 50	147 00	171 50	196 00	220 50	245 00	269 50	294 »
295 »	24 58	49 17	73 75	98 33	122 92	147 50	172 08	196 67	221 25	215 83	270 42	295 »
296 »	24 67	49 33	74 00	98 67	123 33	148 00	172 67	197 33	222 00	246 67	271 33	296 »
297 »	24 75	49 50	74 25	99 00	123 75	148 50	173 25	198 00	222 75	247 50	272 25	297 »
298 »	24 83	49 67	74 50	99 33	124 17	149 00	173 83	198 67	223 50	248 33	273 17	298 »
299 »	24 92	49 83	74 75	99 67	124 58	149 50	174 42	199 33	224 25	249 17	274 08	299 »
300 »	25 60	50 00	75 00	100 00	125 00	150 00	175 00	200 00	225 00	250 00	275 00	300 »
312 »	26 00	52 00	78 00	104 00	130 00	156 00	182 00	208 00	234 00	260 00	286 00	312 »
324 »	27 00	54 00	81 00	108 00	135 00	162 00	189 00	216 00	243 00	270 00	297 00	324 »
336 »	28 00	56 00	84 00	112 00	140 00	168 00	196 00	224 00	252 00	280 00	308 00	336 »
348 »	29 00	58 00	87 00	116 00	145 00	174 00	203 00	232 00	261 00	290 00	319 00	348 »
360 »	30 00	60 00	90 00	120 00	150 00	180 00	210 00	240 00	270 00	300 00	330 00	360 »
372 »	31 00	62 00	93 00	124 00	155 00	186 00	217 00	248 00	279 00	310 00	341 00	372 »
384 »	32 00	64 00	96 00	128 00	160 00	192 00	224 00	256 00	288 00	320 00	352 00	384 »
396 »	33 00	66 00	99 00	132 00	165 00	198 00	231 00	264 00	297 00	330 00	363 00	396 »
408 »	34 00	68 00	102 00	136 00	170 00	204 00	238 00	272 00	306 00	340 00	374 00	408 »
420 »	35 00	70 00	105 00	140 00	175 00	210 00	245 00	280 00	315 00	350 00	385 00	420 »
432 »	36 00	72 00	108 00	144 00	180 00	216 00	252 00	288 00	324 00	360 00	396 00	432 »
444 »	37 00	74 00	111 00	148 00	185 00	222 00	259 00	296 00	333 00	370 00	407 00	444 »
456 »	38 00	76 00	114 00	152 00	190 00	228 00	266 00	304 00	342 00	380 00	418 00	456 »
468 »	39 00	78 00	117 00	156 00	195 00	234 00	273 00	312 00	351 00	390 00	429 00	468 »
480 »	40 00	80 00	120 00	160 00	200 00	240 00	280 00	320 00	360 00	400 00	440 00	480 »
492 »	41 00	82 00	123 00	164 00	205 00	246 00	287 00	328 00	369 00	410 00	451 00	492 »
504 »	42 00	84 00	126 00	168 00	210 00	252 00	294 00	336 00	378 00	420 00	462 00	504 »
516 »	43 00	86 00	129 00	172 00	215 00	258 00	301 00	344 00	387 00	430 00	473 00	516 »
528 »	44 00	88 00	132 00	176 00	220 00	264 00	308 00	352 00	396 00	440 00	484 00	528 »
540 »	45 00	90 00	135 00	180 00	225 00	270 00	315 00	360 00	405 00	450 00	495 00	540 »
552 »	46 00	92 00	138 00	184 00	230 00	276 00	322 00	368 00	414 00	460 00	506 00	552 »
564 »	47 00	94 00	141 00	188 00	235 00	282 00	329 00	376 00	423 00	470 00	517 00	564 »
576 »	48 00	96 00	144 00	192 00	240 00	288 00	336 00	384 00	432 00	480 00	523 00	576 »
588 »	49 00	98 00	147 00	196 00	245 00	294 00	343 00	392 00	441 00	490 00	539 00	588 »
600 »	50 00	100 00	150 00	200 00	250 00	300 00	350 00	400 00	450 00	500 00	550 00	600 »
612 »	51 00	102 00	153 00	204 00	255 00	306 00	357 00	408 00	459 00	510 00	561 00	612 »
624 »	52 00	104 00	156 00	208 00	260 00	312 00	364 00	416 00	468 00	520 00	572 00	624 »
636 »	53 00	106 00	159 00	212 00	265 00	318 00	371 00	424 00	477 00	530 00	583 00	636 »

De 648 Francs à 1128 Francs.

MONTANT des Contribut.	1 douzième échu le 1 Février.	2 douziém. échus le 1 Mars.	3 douziém. échus le 1 Avril.	4 douziém. échus le 1 Mai.	5 douziém. échus le 1 Juin.	6 douziém. échus le 1 Juillet.	7 douzièmes échus le 1 Août.	8 douzièmes échus le 1 Septembre	9 douzièmes échus le 1 Octobre.	10 douzièmes échus le 1 Novembre	11 douzièmes échus le 1 Décembre.	12 douziém. échus le 1 Janvier.
F.	F.	F.	F.	F.	F.	F.	F.	F.	F.	F.	F.	F.
648	54	108	162	216	270	324	378	432	486	540	594	648
660	55	110	165	220	275	330	385	440	495	550	605	660
672	56	112	168	224	280	336	392	448	504	560	616	672
684	57	114	171	228	285	342	399	456	513	570	627	684
696	58	116	174	232	290	348	406	464	522	580	638	696
708	59	118	177	236	295	354	413	472	531	590	649	708
720	60	120	180	240	300	360	420	480	540	600	660	720
732	61	122	183	244	305	366	427	488	549	610	671	732
744	62	124	186	248	310	372	434	496	558	620	682	744
756	63	126	189	252	315	378	441	504	567	630	693	756
768	64	128	192	256	320	384	448	512	576	640	704	768
780	65	130	195	260	325	390	455	520	585	650	715	780
792	66	132	198	264	330	396	462	528	594	660	726	792
804	67	134	201	268	335	402	469	536	603	670	737	804
816	68	136	204	272	340	408	476	544	612	680	748	816
828	69	138	207	276	345	414	483	552	621	690	759	828
840	70	140	210	280	350	420	490	560	630	700	770	840
852	71	142	213	284	355	426	497	568	639	710	781	852
864	72	144	216	288	360	432	504	576	648	720	792	864
876	73	146	219	292	365	438	511	584	657	730	803	876
888	74	148	222	296	370	444	518	592	666	740	814	888
900	75	150	225	300	375	450	525	600	675	750	825	900
912	76	152	228	304	380	456	532	608	684	760	836	912
924	77	154	231	308	385	462	539	616	693	770	847	924
936	78	156	234	312	390	468	546	624	702	780	858	936
948	79	158	237	316	395	474	553	632	711	790	869	948
960	80	160	240	320	400	480	560	640	720	800	880	960
972	81	162	243	324	405	486	567	648	729	810	891	972
984	82	164	246	328	410	492	574	656	738	820	902	984
996	83	166	249	332	415	498	581	664	747	830	913	996
1008	84	168	252	336	420	504	588	672	756	840	924	1008
1020	85	170	255	340	425	510	595	680	765	850	935	1020
1032	86	172	258	344	430	516	602	688	774	860	946	1032
1044	87	174	261	348	435	522	609	696	783	870	957	1044
1056	88	176	264	352	440	528	616	704	792	880	968	1056
1068	89	178	267	356	445	534	623	712	801	890	979	1068
1080	90	180	270	360	450	540	630	720	810	900	990	1080
1092	91	182	273	364	455	546	637	728	819	910	1001	1092
1104	92	184	276	368	460	552	644	736	828	920	1012	1104
1116	93	186	279	372	465	558	651	744	837	930	1023	1116
1128	94	188	282	376	470	564	658	752	846	940	1034	1128

De 1140 Francs à 12,000,000 Francs.

MONTANT des Contribut.	1 douzième échu le 1 Février.	2 douzièm. échus le 1 Mars.	3 douzièm. échus le 1 Avril.	4 douzièm. échus le 1 Mai.	5 douzièm. échus le 1 Juin.	6 douzièm. échus le 1 Juillet.	7 douzièmes échus le 1 Août.	8 douzièmes échus le 1 Septembre	9 douzièmes échus le 1 Octobre.	10 douzièmes. échus le 1 Novembre	11 douzièmes échus le 1 Décembre.	12 douzièm. échus le 1 Janvier.
F.	F.	F.	F.	F.	F.	F.	F.	F.	F.	F.	F.	F.
1140	95	190	285	380	475	570	665	760	855	950	1045	1140
1152	96	192	288	384	480	576	672	768	864	960	1056	1152
1164	97	194	291	388	485	582	679	776	873	970	1067	1164
1176	98	196	294	392	490	588	686	784	882	980	1078	1176
1188	99	198	297	396	495	594	693	792	891	990	1089	1188
1200	100	200	300	400	500	600	700	800	900	1000	1100	1200
1500	125	250	375	500	625	750	875	1000	1125	1250	1375	1500
1800	150	300	450	600	750	900	1050	1200	1350	1500	1650	1800
2100	175	350	525	700	875	1050	1225	1400	1575	1750	1925	2100
2400	200	400	600	800	1000	1200	1400	1600	1800	2000	2200	2400
2700	225	450	675	900	1125	1350	1575	1800	2025	2250	2475	2700
3000	250	500	750	1000	1250	1500	1750	2000	2250	2500	2750	3000
3504	292	584	876	1168	1460	1752	2044	2336	2628	2920	3212	3504
4008	334	668	1102	1336	1670	2004	2338	2672	3006	3340	3674	4008
4500	375	750	1125	1500	1875	2250	2625	3000	3375	3750	4125	4500
5004	417	834	1251	1668	2085	2502	2919	3336	3753	4170	4587	5004
5008	459	918	1377	1836	2295	2754	3213	3672	4131	4590	5049	5508
6000	500	1000	1500	2000	2500	3000	3500	4000	4500	5000	5500	6000
6504	542	1084	1626	2168	2710	3252	3794	4336	4878	5420	5962	6504
7008	584	1168	1752	2336	2920	3504	4088	4672	5256	5840	6424	7008
7500	625	1250	1875	2500	3125	3750	4375	5000	5625	6250	6875	7500
8004	667	1334	1901	2668	3335	4002	4669	5336	6003	6670	7337	8004
8508	709	1418	2127	2836	3545	4254	4963	5672	6381	7090	7799	8508
9000	750	1500	2250	3000	3750	4500	5250	6000	6750	7500	8250	9000
9504	792	1584	2376	3168	3960	4752	5544	6336	7128	7920	8712	9504
9996	833	1666	2499	3432	4165	4998	5831	6664	7497	8330	9163	9996
15000	1250	2500	3750	5000	6250	7500	8750	10000	11250	12500	13750	15000
20004	1667	3334	5001	6668	8335	10002	11669	13336	15003	16670	18337	20004
25008	2084	4168	6252	8336	10420	12504	14588	16672	18756	20840	22924	25008
30000	2500	5000	7500	10000	12500	15000	17500	20000	22500	25000	27500	30000
35000	2917	5834	8751	11768	14585	17502	20419	23336	26253	29170	32087	35000
50004	4167	8334	12401	16868	20835	25002	29169	33336	37503	41670	45837	50004
100020	8335	16666	24905	33540	41675	50010	58345	66680	75015	83350	91685	100020
200040	16670	33332	49810	67080	83350	100020	116690	133360	150030	166700	183370	200040
500100	41675	83330	124525	167700	208375	250050	291725	333400	375075	416750	458425	500100
1000200	83350	166660	249050	335400	416750	500100	583450	666800	750150	833550	916850	1000200
12000000	100000	200000	300000	400000	500000	600000	700000	800000	900000	1000000	1100000	12000000

TABLE DES MATIÈRES.

PREMIÈRE PARTIE.

CHAPITRE Ier. — *Patentes (nouvelle loi).*

DEUXIÈME PARTIE.

CHAPITRE Ier. — *Du timbre, de l'enregistrement et de la nomenclature des actes sujets au timbre, et de ceux qui en sont exempts.*

CHAPITRE II.

CHAPITRE III.

CHAPITRE IV.

CHAPITRE V.

CHAPITRE VI.

CHAPITRE VII.

TROSIÈME PARTIE.

QUATRIEME PARTIE.

IL PARAITRA INCESSAMMENT,

PAR L'AUTEUR DE CET OPUSCULE,

UN CODE

COMPOSÉ :

1° Des Contributions Directes, d'après les nouvelles lois;

2° Des Contributions Indirectes *(Droits réunis)*, soit boissons, tabacs, cartes à jouer, voitures publiques et tout ce qui rentre dans ces attributions;

3° Des Élections de tous les degrés, législatives, jury, conseils général et d'arrondissement, garde nationale, maire, adjoint et conseillers municipaux avec leurs administrations et attributions, tribunal et chambre de commerce et des prud'hommes;

4° Postes aux lettres et aux chevaux;

5° Sur les poids et mesures.

Ouvrage indispensable à tous citoyens jaloux de remplir leurs devoirs, mais aussi de jouir de leurs droits.

www.ingramcontent.com/pod-product-compliance
Ingram Content Group UK Ltd.
Pitfield, Milton Keynes, MK11 3LW, UK
UKHW020327230726
13925UKWH00002B/676